课例研究

我们在行动

涂俊珂 主编

北京燕山出版社
BEIJING YANSHAN PRESS

图书在版编目（CIP）数据

课例研究　我们在行动 / 涂俊珂主编. — 北京：
北京燕山出版社，2021.9
　ISBN 978-7-5402-6114-6

　Ⅰ．①课… Ⅱ．①涂… Ⅲ．①小学数学课—课堂教学
—教学研究 Ⅳ．①G623.502

中国版本图书馆CIP数据核字（2021）第169453号

课例研究　我们在行动

主　　编	涂俊珂
责任编辑	李　涛
出版发行	北京燕山出版社
地　　址	北京市丰台区东铁匠营苇子坑138号C座
电　　话	010-65240430
邮　　编	100079
印　　刷	北京政采印刷服务有限公司
经　　销	新华书店
开　　本	170mm×240mm　16开
字　　数	261千字
印　　张	14.5
版　　次	2021年9月第1版
印　　次	2021年9月第1次印刷
定　　价	45.00元

前　言

FOREWORD

　　随着中共中央、国务院《关于全面深化新时代教师队伍建设改革的意见》的颁布，对中小学教师在高素质、专业化等方面提出了更高的要求，教师作为教学的实践者和教育变革的主要力量，教育的变革必将引起教师专业的变革，必然对教师专业发展提出新的要求。

　　如何培养高质量的教师？如何促进教师自主发展？如何构建同伴互助的成长共同体？如何寻找促进青年教师专业发展的切入点、着力点？这些都是事关学校教育能否长足发展的关键问题。基于课例研究的校本研修正是基于学校实际的促进教师专业成长的有效途径，关于教育的一切改革最终将落实到课堂，"以基于课例的校本研修促进青年教师专业发展的研究"正是顺应了国家对教师队伍建设的新要求和社会发展趋势。

　　本书将聚焦小学数学课堂，以小学数学课例教学研究为载体，通过一个个鲜活的课堂案例，再现真实的研究场景，期望可以为读者提供一个"观察别人的课堂，反思自己的教学实践，提升自己的教学水平和科研能力"的通道。

涂俊珂

目 录
CONTENTS

第一篇　理论篇

第二篇　"数与代数"课例

第三篇　"图形与几何"课例

第四篇　"综合运用"案例

第 一 篇

理 论 篇

课例研究促进青年教师专业
发展的理论与实践探究

——以九江市双峰小学校本研修为例

九江市双峰小学　涂俊珂

第一部分　绪　论

一、问题的提出及选题目的

九江市双峰小学是一所有着百年历史的全国名校，被评为江西省首届"教学科研先进学校"。学校本着"科研立校，科研兴教"的管理思路，十分重视和支持校本研修工作的开展。学校也探索形成了一些校本研修活动形式，如：着力打造"微格研讨""持续阅读""每周听课日"等有特色的教研活动，让教研活动服务于教师的课堂教学，为有关校本研修形式的研究提供实践基础。

近几年，随着办学规模的扩大，九江市双峰小学教师的人数逐年增长，教师队伍呈高学历化、年轻化趋势，在新校区30岁以下青年教师达48%。如图1是新校区教师学历情况分布图，图2是新校区教师年龄分布图。

青年教师既是教学工作的新生力量，又是学校发展的关键因子，青年教师的发展直接关系到学校的发展，而教师的专业发展过程是一门隐性的课程，应贯穿于教师职前、职后直至全部生涯。如何培养高质量的教师、如何促进教师自主发展、如何构建同伴互助的成长共同体，这些都是事关学校教育能否长足发展的关键问题。基于课例研究的校本研修正是一种促进教师专业成长的有效途径。本文将通过调研，力求深入了解九江市双峰小学校本研修的现状，探求深化基于课例研究的校本研修的方向和路径，通过实施基于课例研究的校本研修，促进青年教师专业发展。

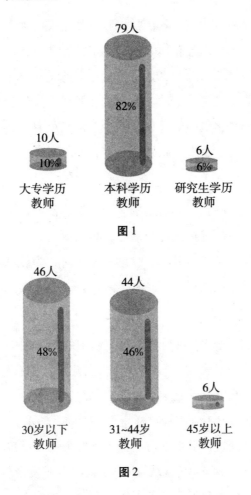

图1

图2

二、相关核心概念及其界定

1. 校本研修

"校本研修"一词源于 20 世纪 60 年代欧美国家诞生的"校本培训"，由"校本培训""校本研究""校本教研"衍生而来，"研修包含紧密相关的三个方面：研究、培训、自修"，校本研修其实就是校本研究、校本培训、校本教研的有机结合，有其共性。它们都是以校为本，是以教师任职所在的学校为基本场所，以本校的教师队伍为主体，以解决本校教学问题、改善教育质量、促进教师专业发展为目的。

2. 校本研修的特点

一是校本研修是以校为本，基于学校教育教学实际而开展的，这就要求校本研修无论在研修形式、内容和频率等方面都要适应本校实际，突出本校特色；二是教师不单是校本研修的参与者，更是校本研修的主体，在校本研修中，教师的主体地位主要是从教师的主动参与性和教师的自主选择性两个方面体现出来的；三是校本研修突出教师的反思在其专业成长中具有重要作用，个人反思是教师进行校本研修的一个中心环节。

3. 课例研究

课例是关于一堂课的教与学的案例。所谓课例研究，是指围绕一堂课的教学在课前、课中、课后所进行的种种活动，包括研究人员、上课人员与他的同伴、学生之间的沟通、交流、对话、讨论。课例研究为教师集体观课，课后相互评论，共同改进教学提供了平台，为深化教学研究提供了有效途径。

4. 教师专业发展

"教师专业发展"是当代教师教育研究领域的一个国际最流行的概念，既涉及政府的教师管理，也涉及学校的教师队伍建设；既有群体动力学的因素，也有个体自主选择的意愿；既是学术界研究的热点领域，又是实践中的现实对象，没有一个领域像教师专业发展这样全方位地涉及学术、实践和政策领域。

教师专业内涵包括教会学生学习、育人和服务三个维度。教师专业发展的基础包括教师精神、教师知识、教师能力。教师专业发展就是教师运用经验、反思、证据、数据、概念和理论等条件实现在教会学生学习、育人和服务等专业目标的过程，也是运用教师精神、教师知识、教师能力等专业基础的活动过程。

三、研究的理论基础

1. "实践取向"的理论

本研究源于实践、基于实践并最终以研究成果指导和改进实践，是不脱离实践的理论研究和成果导向的学术研究。

2. "行动研究" 理论

行动研究是本课题的主要研究方式，这是一种以教育实践工作者为主体进行的研究，它以研究自己实践中的问题，改进教育实践为其本质。行动研究与其他研究方法相比较，其自身具有以下三个特点：一是行动研究以提高行动质量，改进实际工作为首要目标；二是行动研究强调研究过程与行动过程的结合，注重研究者与行动者的合作；三是行动研究要求行动者参与研究，对自己从事的实际工作进行反思。本课题所做的校本研修就是一种以校本行动研究理念为指导的一种实践活动，强调"教师成为研究者"，突出教师在实践活动中的主体性和实践性地位。

3. "学习共同体" 理论

本课题在研究过程中，将根据不同学科领域，组建若干个"学习共同体"，学习共同体是指完成共同任务或问题，并有共同的志趣、愿景、情感等精神因素的教师个体共同构成的学习团体，通过交流、沟通、同伴互助和合作，分享各种学习资源，利用各自的优势创造有机的、和谐的学习环境，为教师个体提供学习、反思的机会，从而促进教师个体专业成长。

四、研究方法

1. 文献法

本研究主要通过中国期刊全文数据库，查阅与"校本研修""校本教研""校本培训""课例研究""教师专业成长"等相关的国内外文献资料，通过归纳、整理、分析和思考，在此基础上总结出基于课例研究的校本研修的特点、内容和形式。

2. 问卷调查法

本研究采用问卷调查法，运用自编问卷对本校教师校本研修情况进行调查，通过对数据的分析，掌握本校教师校本研修现状的第一手资料，并对本校青年教师校本研修现状进行分析，发现校本研修存在的突出问题。

3. 访谈法

本研究采用访谈法，根据研究的需要而设定访谈提纲，深入调查本校教师校本研修的现状，补充问卷中的不足，并且通过深入访谈，聆听一线教师的声音，以此获取小学教师在校本研修中的真实情况，为分析现状和提出对策提供现实依据。

4. 行动研究法

本研究采用行动研究法，通过问卷、访谈等方法，发现本校在校本研修中存在的突出问题，进而分析问题存在的原因，制订计划，提出解决对策。

第二部分 双峰小学青年教师专业发展愿景现实透视

双峰小学青年教师专业发展三年规划

教师专业发展隐含着多重意思，其中最为核心的一层意思就是：教师是专业发展的主体，即教师拥有专业发展上的自主权，需要对专业发展进行自我设计、自我监控，具有自我发展的意愿和动力。因此，我们需要教师对专业发展的环境、个人的专业需求和发展水平进行深入全面的分析，并在此基础上进行专业发展的自我设计、自我规划。为此，双峰小学以三年为一周期，组织教师进行专业发展三年规划。此规划是教师专业发展的蓝图，其制定过程具有促进教师专业发展的作用。

（一）参与对象

参与对象为本校 50 岁以下教师。

（二）规划工具

对自我发展总体状况的分析采用 SWOT 分析法，即对优势（strength）、劣势（weakness）、机会（opportunity）、威胁（threat）进行分析。对优势和劣势的分析更多侧重于教师自身的发展水平、教学实力和存在的问题；而对威胁和机会的分析，则需要更多地着眼于外部竞争环境和发展趋势，教师尽可能对面临的各种机会进行评估，确定专业发展目标，方能把握最佳发展机会。

（三）《教师专业发展三年规划》框架内容

《教师专业发展三年规划》分为《教师个人信息表》《我的"SWOT"分

析》《我的三年规划》《我的年度发展规划》四部分内容。如图3、图4所示。

图3

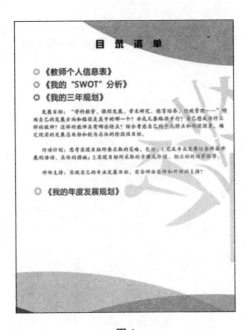

图4

1. 《教师个人信息表》

从年龄、教龄、学历、职称、业绩等多维度了解教师目前的专业起点，教师个人基本信息如表 1 所示。

表 1

姓　名		性别		出生年月	
参加工作时间				入职双峰时间	
专业技术职务				从教学科	
学历学位	全日制教育			毕业院校系及专业	
	在职教育			毕业院校系及专业	
现任职务					
主要业绩（赛课、论文、课题等）					
主要荣誉称号					

2.《我的"SWOT"分析》

向内：自我分析——全面充分地认识自己，对自己的能力、兴趣、需要、自身发展水平、教学能力等方面进行全面分析，充分认识自己的优势与劣势，诊断自己存在的问题。向外：环境分析——更多着眼于外部竞争环境、发展趋势、国家对教师队伍建设的意见、学校总目标等，对面临的各种机会进行评估，寻找并把握好自己的最佳发展机会。《我的"SWOT"分析》如表2所示。

表 2

教师姓名：＿＿＿＿＿＿＿＿＿＿

	优势（Strengths）	劣势（Weakness）
内部个人因素		
	机会（Opportunity）	挑战（Threats）
外部环境因素		

3.《我的三年规划》

（1）发展目标："学科教学、课程发展、学术研究、德育培养、行政管理……"明确自己的发展方向和路径是其中的哪一个，抑或几条路径并行，自己想成为什么样的教师，这样的教师具有哪些特点，综合考虑自己的个人特点和环境因素，确定现实的发展总目标和较为具体的阶段性目标。

（2）行动计划：思考实现目标所要采取的策略，包括：①完成专业发展任务所需要开展的活动；②实现目标的具体步骤、时间界限等。

（3）外部支持：实现专业发展目标，需要哪些条件和外部的支持？

《我的三年规划》如表 3 所示。

表 3

教师姓名		任教学科		规划起始年份	
我的发展目标					
我的行动计划					
我需要的外部支持					

4.《我的年度发展规划》

《我的年度发展规划》如表 4 所示。

表 4

（ － 学年度）

教师姓名		任教学科		填表时间		年　　月	
我的年度发展规划							
我的年度专业发展目标细化表							
1. 专业学习目标（□里打√，可多选）							
阅读专业书籍		_____册					
参加专业培训学习		A. 校级□		B. 市级□		C. 省级□	D. 国家级□
2. 教育教学发展目标（□里打√，可多选）							
公开课教学		A. 校级□		B. 市级□		C. 省级□	D. 国家级□
赛课获奖		A. 校级□		B. 市级□		C. 省级□	D. 国家级□
基本功比赛获奖		A. 校级□		B. 市级□		C. 省级□	D. 国家级□
班主任辅导员技能比赛获奖		A. 校级□		B. 市级□		C. 省级□	D. 国家级□
论文获奖		A. 校级□		B. 市级□		C. 省级□	D. 国家级□
论文发表		A. 校级□		B. 市级□		C. 省级□	D. 国家级□
指导教师奖		A. 校级□		B. 市级□		C. 省级□	D. 国家级□
指导学生奖		A. 校级□		B. 市级□		C. 省级□	D. 国家级□
主持或参与课题研究		A. 校级□		B. 市级□		C. 省级□	D. 国家级□
信息技术类获奖		A. 校级□		B. 市级□		C. 省级□	D. 国家级□
科研成果奖		A. 校级□		B. 市级□		C. 省级□	D. 国家级□

续 表

我的年度专业发展目标细化表				
3. 学科引领目标（□里打√，可多选）				
主持策划教研活动	A. 校级□	B. 市级□	C. 省级□	D. 国家级□
培训讲座	A. 校级□	B. 市级□	C. 省级□	D. 国家级□
4. 其他（若下栏写不下，可写反面）				

（四）双峰小学《教师专业发展三年规划》整体分析

全校共 211 位老师参加了教师专业发展三年规划。学校科研处收集所有老师的《教师专业发展三年规划》进行汇总整理，对每位老师的"发展目标定位"及"行动计划的可操作性"进行评估。我们发现，简单地为自己勾勒一个发展愿景并不困难，但要制定个人的专业发展规划且保证这一规划的合理性、可行性和有效性，并不是一件容易的事。它必须基于对教师专业发展理论的深刻认识、对教师专业发展标准和专业发展环境的准确把握、对自己专业发展状况的深刻反思，必须遵循教师专业发展规划制定的策略要求，保证规划过程的动态性，在实践中进行反思和调整。

抽取 35 岁以下青年教师的《教师专业发展三年规划》做进一步分析，我们看到在"发展目标"的描述中出现最多的是：改进课堂教学、在市级公开课上获奖、每学期打磨一节优质课、出精品课例等，可以看出在老师的心目中"课堂"才是自己专业发展的主阵地。确实，对于教师来说，最能促进自己专业发展和成长的方式是从自身的实际问题出发，发挥自己之所长，研究最贴近自己的工作问题。教师的专业能力只有在课堂上才能显示其价值，教师的教学个性只有在课堂上才能得到淋漓尽致的张扬和发挥，教师的教学水平也只有在不断反思课堂教学后才能得到实质性的提高。因此，课例研究最有条件成为教师自己的教学研究方式，基于课例研究的校本教研模式是最适合青年教师专业成长的模式。

第三部分　课例研究促进青年教师专业发展的理论构建

一、"基于课例研究的校本研修"内涵

什么是"课例研究"？我们查阅了相关文献资料，有观点认为"课例研究"是一种教师联合起来计划、观察、分析和提炼真实课堂教学的过程；也有观点认为课例研究是指教师系统地合作研究课堂中的教与学行为，从而改善教师的教学经验和学生的学习经验的综合过程；Crawford K 认为课例研究是以教师为主体的合作性研究，杨彦军、童慧认为课例研究是一种以典型教学内容为载体、以教学实践情境为场域、以实践共同体为单位、以专业引领为支撑、以同伴互助为主要形式、以优化课堂教学质量和提高教师专业能力为核心目的的螺旋上升式的教学研究活动；还有观点基于课例研究的目的，将其理解为教学促进活动；陈向明认为，课例研究既是一种教学实践同时也是一种研究（Study），是一种反思性的实践。总的来说，对于课例研究的概念界定虽然并不相同，但基本肯定了教师在课例研究中的主体身份和教师在课例研究中的合作互助，对于课例研究的研究对象是教学实践中的课例也有较为普遍的共识，一般认为课例研究的目的在于优化教学质量、改善教学经验、解决教学问题和促进教师专业能力发展。

基于理论与实践相结合的思考，我们将"基于课例研究的校本研修"内涵界定为：研究团队以具体的课例为研究对象，以相关理论为指导，通过共同设计课、观察课、评课、重新设计课等一系列活动，集中解决某一类问题，在教

学行动中开展的、包括专业理论学习和专业实践在内的教学研究活动或模式。

可以从以下几个方面深入理解其内涵：

（一）课堂教学的改进，是课例研究的价值取向

研究就是为了更好地教学。课例研究立足于改进教学和促进共同发展之目的，旨在研究和解决教学中面临的问题，共同探讨教学改进与专业提升的策略。

通过课堂观察发现课堂教学过程中存在的问题，并通过集体的反思及研讨，分析问题产生的原因并提出课堂改进的建议，再通过进一步的设计改进和课堂演绎，直至解决问题和突破瓶颈，从而达成预期的教学效果。课例研究这种实践改进的取向符合教师专业发展的需求，也是创新教研活动的一种必然要求。

（二）来自课堂的关键问题，是课例研究的选题方向

没有问题就没有研究，课例研究的生命力就在于它直接面对教室里发生的真实事件与客观需求。课堂教学中，每时每刻都在出现问题，关键在于教师是否有敏锐的洞察力，是否关注课堂上学生的需要。并不是所有的问题都能成为课例研究的主题，课例研究的主题应来自真实的教学情境，应是教师共同关注的问题。只有当教师关注课堂上的教学问题，并提炼出有意义的教学问题时，才能成为课例研究的问题。

在课例研究的专题选择上，主要聚焦于教师教育教学实践过程中实实在在存在的疑难困惑，在研究过程中，课例研究团队运用行动研究的方法，以课例为载体，针对课堂教学的难关、瓶颈等关键问题，扎根课堂进行教学观察，努力发现问题的症结所在，力求准确把脉问题出现的根本原因，尽可能提出切实可行的解决问题的策略，以促进教学实践、持续改进的实现和达成。

（三）研训一体相融合，是课例研究的行动方式

"研训一体化"是指将教学研究与教师培训进行有机整合的教研新模式。"研"的是课堂教学中存在的共性与个性问题；"训"的是教师专业化发展的理论与方法。课例研究和教师培训的结合，就为当前教师在职培训诸多现实问题的解决提供了可能，因为课例研究的专题可以成为教师培训的主题，课例研究的过程可以设计成为教师参与式培训的过程。不是像以往那样现成的研究结果

直接展示给教师，而是需要教师通过亲历研究的过程主动去归纳和总结，这样就比较好地体现了"在培训的过程中研究，在研究的状态下培训"。

二、"基于课例研究的校本研修共同体" 构建路径

课例研究是以课例为载体，以师生共同发展为中心的人本教研，是由单一封闭的个人研究模式转向多维互动的群体研究模式，这就决定了参与课例研究的是因研究教师教育教学中的具体问题而聚合在一起的教师群体，所以校本研修共同体的构建是开展课例研究的重要途径。

（一） 让教师成为基于课例研究的校本研修系统的中枢

从体系结构看，"基于课例研究的校本研修"是一个开放系统，或者可以说是一个自组织系统，即能自行演化或改进其组织行为结构的一类系统。在这一系统中，教师处于最核心位置。组织、发动和引领教师参与课例研究活动，是校本研修制度功能得以充分发挥的关键之一。

一项具有完整性意义的研究通常是由研究主体——研究者、研究客体——研究对象、研究过程等构成的，这些研究都需要教师的具体实施。教师的主体意识非常重要，教师有主体意识，方能对校本研修产生浓厚的兴趣，就会积极主动地投入教研，进行理智的思考，使自己的所思所想更有价值。因此，学校要增强教师教研话语权，使教师可以通过教研活动充分表达自己的观点与困惑。只有让校本教研共同体中的每一个共生单元都发声，这样的团队才会增强凝聚力，产生出最大的效能。

一旦教育科研成为教师的一种态度，一种专业生活方式，并且这种态度和专业生活方式是集教育、研究、学习和反思于一体的，那么，教师就会真正走进属于自己的教育教学研究。教师在教育科研中最大、最有价值的收获是教育智慧和教育机智的增长。只要教育科研是在真实的教育情境中进行的，有教师真诚的投入与深刻的反省与思考，就是成功的研究。

（二） 建立扁平式的教研组织结构

课例研究的内涵决定了教研组织应当是一个以教师和教研组组长等共生单元为主体，以学校教务、科研、总务、信息技术中心等共生单元为保障辅助力量的共同体。要使教研组发挥教学、研究的最大效能，激发组内成员的主体意

识，调动教师的主观能动性，改被动参与为主动参加，实行教研组扁平化管理势在必行。

传统层级式管理模式下的教研组，从上级教育行政部门到学校校长再到学校部门主任、教研组长层层管理，使教研组"研究教学"的基本功能逐渐淡化，教师参与教育科研的积极性、创新性受损，教研组应有的功能没有发挥，阻碍了教师专业成长的推进。

课例研究的组织结构应当向以教师为主体与核心的扁平式教研模式转化。扁平化的组织结构一改传统层级式管理模式，由高耸的金字塔式结构变为减少管理层次、增加管理幅度的紧凑型横向模式。扁平化的教研组织，能较大程度地减少中间管理层级，使教研组织的上下、内外信息交流更加迅速便利，使教研组织的管理更加灵活，且具有弹性。

我们尝试用莫比乌斯环串联起"扁平式的教研组织结构图"（图5）。

图 5

由校长办公会组成的决策团队把握教改教研整体方向；而教务处、科研处、总务后勤、信息技术中心等职能部门则共同组合成保障团队，为各教研组开展课例研究给予多方位无死角的支持，营造"天时地利人和"的研究大环境；实施团队的各成员采取横向的组织管理模式，教研组组长、骨干教师、老教师、新教师等组内成员都处于平等的地位，在同一层面上进行平等的学习和沟通。

莫比乌斯环具有融合、无穷等魔术般的性质，运用它可以形象地诠释扁平式教研组织的特点。这个连续的功能环串联起决策团队、保障团队和实施团队，"方向引领、支持保障、实践研究"等都在其中循环往复，这些功能被组织在一个相互联系的三维环里面。此结构实现了校长、中层管理者以及教师之间的信息双向交流，扁平化的教研组结构压缩了诸多的中间管理环节，加快了信息流通速度，信息交流渠道更加通畅。同时，教师与以前的中间层人员的权威关系变为平等、平行关系。少了行政权力的约束，多了教研组管理的自主权，能营造一个平等、民主、合作的组织氛围，激发教师参与活动的积极性、主动性。有趣的是，如果某个人站在一个巨大的莫比乌斯带的表面上沿着他能看到的"路"一直走下去，他就永远不会停下来，所以莫比乌斯带常被认为是无穷大符号"∞"的创意来源，这也寓意着在一个充满动力的组织结构中良性循环，将能发掘出无尽的潜能。

（三）构筑同伴互助的合作性关系

同伴互助即教师群体在工作中，通过分享专业知识、教学理念和技能相互帮助，从而实现教学观念更新、教学能力提高的目的。建立同伴互助合作性关系的过程，实际上是形成教师专业学习共同体的过程。在学校组织专业学习共同体，有利于教师群体中的每个个体实现同质性进步，产生更大的共生力量。按学科属性划分的每个教研组，或按年级不同划分的每个备课组都可以看成是一个大的学习共同体，为了便于开展课例研究，在大的学习共同体内，我校还组建了许多更小、更灵活的共同体，如"三人行共同体"。

双峰小学有一项延续了几十年的活动，那就是"双峰杯"练兵课活动。每学期五年教龄以下的青年教师都要参加练兵课竞赛，这项比赛是青年老师心目中的"奥林匹克"。当然，每位青年教师并不是单打独斗，以往我们都是以师徒结对的方式，以老带新，师傅大多是10年以上教龄的经验型教师。经过多年的实践，我们感觉在校级赛课的过程中，执教者和师傅都得到了锻炼，但是对于出师不久的青年教师，反而处于"空档期"，磨炼的机会不多。所以近两年，我们变以往的师徒两人为"传帮带"三人行。

1. 人员组成

徒弟——新入职双峰杯参赛教师

师傅——刚出师的青年教师

导师——有一定教学经验的骨干教师

2. 人员职责

徒弟——认真钻研教材，研读课程标准，了解学情，把握所教学段的重难点，努力自主备课，试教、赛课。在磨课过程中反思、总结。

师傅——与参赛教师共同研课、磨课，认真聆听徒弟的每一次试教，思考课堂教学如何改进，帮助徒弟打磨教案细节、琢磨教学语言、锤炼教态……与参赛教师分享自己的参赛经验，在研讨、辅导中进一步学习、成长、进步。

导师——听参赛教师的三节试教，对参赛教师的课堂教学进行方向性的指导，出谋划策，提出建设性建议。

在实际的运作中，我们发现两种共研模式。一种是导师引，师傅带，徒弟学。另一种是导师带着两个人学。这两种研讨模式都能带动学校新入职和刚站稳讲台的青年教师在专业上的成长。"三人行"共同体是非常适合实施课例研究的组织，以课例为载体，通过"传帮带"的研课模式，让骨干教师发挥专业引领作用，让青年教师得到更多的锤炼，进一步落实"全员共研"的目的。

三、基于课例研究的校本研修保障机制

（一）"供给保障"与"精神支持"相辅相成

课例研究的顺利开展和实施需要良好的外部条件作为保障，利用课例研究促进教师专业发展需要完善的管理制度、动力支撑和专业引领，形成一种长效的外部保障机制。同时，对基于课例研究的校本研修活动提供精神支持也非常重要，包括对课例研究活动的倡导、对研修共同体的肯定、对研究人员的认同、为课例研究的开展提供丰富的资源保障和良好的文化氛围等。

1. "每周听课日"——给予课例研究充足的时间保障

教师常规性工作任务较为繁重，时间紧张。因此，课例研究制度建设应充分考虑教师教学与研究任务的平衡，把握好开展课例研究的数量和频率，确保教师能够以较为充足的时间开展课例研究，保障课例研究活动的效果。在征集、吸纳青年老师意愿的基础上，"每周听课日"活动引起大家的共鸣。为确保听

课日活动有序进行，教务处在课表设置上给予时间保证，每周二、周三、周五分别对应术科、语文、数学听课日，具体听课时间统一安排在上午第一节，研课时间安排在上午第二节。学科带头人、教研组长、骨干教师、年轻老师个个行动起来，校领导带头上，人人参与每周雷打不动的"听课日"活动，构建起立体化的"教研网"。每周听课日从开学第一周便开始实行，这一举措在学校平稳推行五年。在听课中，我们动态地了解教师和学生，变"梦想课堂"为"平民课堂"，变"锦上添花"为"雪中送炭"，及时反馈教学效果，给出指导性的意见。老师们在多维互动的听课、评课过程中，相互启发、相互碰撞，取长补短、共同进步。"每周听课日"减轻了因参与课例研究而去调课换课造成的负担，为教师参与课例研究提供相应的制度支持。

2. 奖励机制——调动教师参与课例研究的积极性与创造性

调整评价与奖励制度，奖励方式由"奖励教师个体"改为"奖励研修共同体"。这样可以矫正过去教师自己单打独斗的保守教学行为，创设"多维对话式"校本研修评价和激励机制。学校专门设立了《研课团队奖励机制》和《优秀教研组评选机制》等，每学期对优秀教研组、优秀研修共同体等进行物质和精神的奖励，激励教师在同伴互助、合作研讨中，实现团体与个体的比翼齐飞。

3. 团队文化——构建合作互动、开放有序的良性磁场

课例研究活动是教研主体的"集体"行为，不同的教研主体在知识结构、智慧水平、思维方式、认知风格等诸多方面都存在着差异，因此每一位教研主体的差异都是学习的资源。为形成尊重差异、价值共享、互动交流的团队文化，双峰小学制定了《教师团队守则》和《课例研究活动约法三章》。

教师团队守则

为建设完善的教师团队，我们共同遵守：

（1）我们是和谐的团队。彼此尊重，坦诚沟通，谦和待人。有话当面说，有错委婉提，有问题商量解决。不指责，不推诿，不背后诋毁。我们坚信，通过集体努力所获得的成功，远胜于各自单打独斗的成就之和。

（2）我们是奋进的团队。在共同的追求中，达成共同的目标。为实现愿景，我们团结向上、开拓进取。在实践理想的过程中，体验成功，收获成长。

（3）我们是高效的团队。以可行目标为导向，以问题解决为中心，以实践活动为途径，以公正考评为保障，科学有效地开展教育教学工作，实现目标达成。

（4）我们是个性的团队。我们都很精彩，我们都不一样。在团队中找准定位，凸显个性特长，彰显个人魅力，实现人生价值的最大化。

（5）我们是幸福的团队。我们读书，我们思考，我们健康，我们快乐；我们付出，我们收获，我们追求，我们成长……有信念支撑，有精神追求，让每一个当下变得充实、富有意义。

课例研究活动约法三章

（1）这是一个自由、开放的会场，我们讨论共同的目标，相互观察，分享交流，成就彼此。

（2）每个人都有发表自己观点的权利。

（3）任何问题、观点都应得到尊重。

团队文化的核心便是共享的价值与愿景，《教师团队守则》促使教师形成价值共享的专业精神，在团队文化的建构过程中，共享的价值和愿景逐渐成为每一位教师行动的指南，围绕共享的价值与愿景，每一个教师都能开展促进个人价值实现和集体价值实现的一体化实践活动，在个人发展的同时促进集体的发展。《课例研究活动约法三章》促使教研主体形成尊重差异的专业精神。每一个教研主体都是具有认知能力和改造能力的反思性实践者，尊重差异的团队文化课例研究活动中的"话语霸权"，鼓励"弱势"群体发表不同观点和不同声音，允许同一问题不同解决方案的存在，实现了"人尽其才"。

在团队文化的磁场里，每一位教师都能清晰地认识到，课例研究活动不仅应关注"我的教学"，同时还与他人一起构筑"我们的教学"，研究活动是"我"与"他人"互动交流的结果。为此，教研主体开始积极寻求他人的专业支持，在"同伴互助"的过程中分享了各自专长，为校本研修共同体的形成与发展创设了平等、信任、真实、互助的文化磁场。

（二）"自我规划"与"引领发展"相互支撑

对自身专业发展的自我设计、自我规划，是教师专业发展的原动力。学校组织 50 岁以下老师开展个人专业发展规划活动，促进教师在专业上的可持续发展。尝试借助 "SWOT" 分析法，引导教师从 "优势、劣势、机会、挑战" 四个方面分析 "现实的我" ——思考 "我们在哪里"；从对未来三年的专业发展目标、行动计划、外部支持等方面规划 "理想的我" ——思考 "要到哪里去"；在现实与理想之间找到真实的 "我" ——思考 "怎样走"，努力在规划与奋斗之间实现最好的 "我"。

科研处将教师制定的三年发展规划进行综合分析，课例研究虽然以教师为主体，但仍需要良好的资源和外部环境作为支持，所以学校根据教师的不同发展愿景、所需帮助，搭建相应发展平台。比如：挖掘自身资源，校内区级以上名师做课例研究的专业引领者；聘请友好学校名师，实现校际联动；聘请教研员、大学教授为指导教师，寻求专家引领。通过引入学科专家和教研人员为教师开展课例研究提供研究技术与研究资源支持，为教师在课例研究中的专业发展奠定良好的资源基础，提供专业的支持网络，为教师专业发展层次的提高提供充足的资源保障。

（三）"外推"与"内生"良性互动

外推是指由外部对某一特定事物的推进，或者说是外力的推动。在基于课例研究的校本研修系统中 "外推" 可以又具体化为组织保障机制、经费保障机制、政策保障机制等；"内生" 是相对于 "外推" 而言的，内生即内部生成，指教师由内而外散发出的生长力、内驱力。

学校如何促成 "外推" 与 "内生" 良性互动呢？我们可以营造民主氛围，用平等、尊重和认同激起教师的责任感和归属感；以人为本，满足教师的专业成长需求，用真研究激发教师的自主性、自发性、自为性……如果把每个人的成长奋斗史看成一部大剧，那这部大剧的主角肯定只有一个，那就是自己！真正的强大，就是让自己保持成长！学校从多维度为教师的专业成长助力。但是所有的外力都只能是助力，只有由内而外散发出的内驱力，才能转换成工作中的动力和创造力！

第四部分　课例研究促进青年教师专业发展的实践探究

　　基于课例研究的校本研修，通过聚焦课例、从课堂中引领教师发现共性问题、梳理提炼有价值的问题、共同研究、形成策略。如果把研修过程横向水平扫描，我们发现可以分为两个层次：一是发现问题、梳理问题、自我反思；二是同伴互助、专业引领、形成策略。双峰小学经过多学科的尝试、改进，形成了"基于课例研究的校本研修"基本模型（图6）。

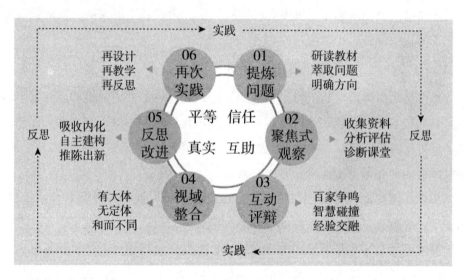

图6

　　"基于课例研究的校本研修"基本流程将结合《比的认识》一课进行详细阐述，详见本书《"比的认识"课例研究历程》一文。

第五部分　结论与思考

九江市双峰小学基于课例研究的校本研修经历了几年的时间，反映了学校以课例研究为载体的校本教研走过的历程。其间，我们深深感受到课例研究是促进青年教师专业发展的一种很好的校本研修活动形式，课例研究直接与专业教师的教学工作产生联系，这种以课例教学研究为载体的校本教研，研究的是专业教师自己遇到的问题、矛盾和困惑，研究能够解决实际问题，实效性强，有利于改善专业教师的教学行为，从而促进教师的专业发展。它为专业教师提供了一个个鲜活的课堂案例，创造了一个个真实的情景，教师可以通过观察别人的课堂，反思自己的教学实践，提升自己的教学水平和科研能力，促进自身专业成长。

一、促进教师树立专业精神

专业精神是教研主体在长期的共同体规范中形成的、出于道德目的、复杂而稳定的心理评价和感受，是对其专业理想和专业生活的一种自我承诺。专业精神一旦在校本研修共同体中形成，教研主体之间就会形成自然的联结。

对于教师来说，尽管教学实属不易，但相比参与研究，仍是一个舒适区。在我们的"课例研究"起步阶段，教师们都非常乐于参与听课、评课的环节。当让其中的一些教师对自己的教学进行深度反思、再设计、再实践，以及在自己已经掌握的甚至是轻车熟路的操作常规与他人的教学理念之间存在较大的张力时，他们很不情愿也不容易找到一个突破口。当然，任何人在走出舒适区时，总有一番斗争或挣扎。但是，只有当你感觉不到舒适时，才有可能表明你在成长。这种突破瓶颈、跨出自我"舒适区"的勇气、参与研究的动力和信心，正是教师的专业精神。

课例研究作为一种注重集体协作的活动，有助于推动学习共同体的建构与发展，在教师之间的交流与合作中，培育、发展良好的研修文化，通过良好的知识经验分享环境和完善的课程资源储备促进教师知识的协同建构，使教师在专家引领、同伴交流互助中不断反思提升，并以良好的氛围强化教师的专业态度和专业精神，为教师专业发展提供良好的学习与制度环境，培养教师的专业意识，提升自信。

二、促进教师拓展专业知识

课例研究以课例为载体，聚焦的研究问题多为学科教学中如何优化内容、优化过程等问题，即呈现给学生什么样的知识，如何呈现的问题。为使自己的研究能够基于他人的研究成果和相关理论，提高行动计划的科学性、先进性，研究者必须围绕研究问题与书本对话，并以此为指导，设计实践改进的思路和方法，形成行动计划。所以，参与课例研究可以使教师的本体性知识、实践性知识得到丰富和优化，拓宽自己的教学视角。而在研究过程中的理论学习，教师的条件性知识也得到了改善。课例研究引领教师走上了边学习、边研究、边实践的专业生活，让教师的知识储备得以丰富，知识结构得以优化。

三、促进教师提升专业能力

教师专业能力是以认识能力为基础，在具体学科教学活动中表现出来的一种特殊能力。主要包括教学设计的能力、教学实施的能力和学业检查评价的能力等。可以看出，教学能力的提升必须基于鲜活的教学实践，离开了实践基地，教学能力的提升很容易沦为"纸上谈兵"；不仅如此，教学能力的提升过程也是一个自我思考、不断探索和尝试的过程，它需要理论知识但是仅靠理论学习又是无法实现的。

经过实践，我们发现：课例研究可以很好地满足上述两个方面的基本要求，一方面，课例研究是教师共同体扎根实践的研究；另一方面，课例研究的过程本身就是一个不断反思和调试的过程。教师依托于课例研究展开一系列新尝试，最终在教学设计、实施、评价方面取得了明显的进步。课例研究要求教师在反思现状中寻找研究问题，在反思行动中优化行动策略，在反思效果中改进实践行为，使研究者进入课前反思、课中反思、课后反思的状态，使反思成为习惯，并在实践中不断提升反思的广度和深度。

四、促进学习型组织的建设

课例研究推动了学习型学校和学习型教研组的建设，真正把校本研训制度落到实处，促进了教师的共同发展。同时，学习型学校、学习型教研组的建设，又成为推动校本研训的一种动力和保障机制，使学习成为学校成员自我发展的内在需要。

"你成功的速度，将取决于你身旁人的素质"，搭建一个能够让青年教师畅所欲言、相互激励、彼此启发的平台，显得尤为重要。教师成长是一个从量变到质变的过程，既需要自身努力，也需要各方搭建专业成长平台，成为教师专业发展的"助推器"。开展课例研究，通过建设教师专业成长共同体，可以促进教师专业沟通，在合作交流中共同解决教育实践中的问题、改进课堂教学，为教师专业发展创设良好的环境。

参考文献

[1] 教育部教师工作司. 小学教师专业标准解读 [M]. 北京：北京师范大学出版社，2013.

[2] 李松. 我国中小学教研 60 年：反思与展望 [J]. 当代教育科学，2014.

[3] 陈悦. 新教师通透式校本研修模式的实践探索——以数学新教师的校本研修为例 [J]. 江苏教育研究，2014.

[4] 潘文戎. 教师专业成长的新模式：研训一体 [J]. 中小学教师培训，2007.

[5] 杨建军. 中小学教师专业化发展的回顾与前瞻 [J]. 现代中小学教育，2011.

[6] 宁莹莹，冯晓霞. 变革中的教师专业主义：时代境遇和教师专业发展 [J]. 宁德师范学院学报（哲学社会科学版），2017.

[7] 张建平. 小学初任教师入职支持体系建设研究 [D]. 南京：南京师范大学，2014.

［8］朱旭东．论教师专业发展的理论模型建构［J］．教育研究，2014.

［9］季小煜．借助课例研修推进校本教研［J］．宁夏教育，2016.

［10］徐斌．对话中小学校本研修模式新探［J］．教育科学论坛，2019.

［11］李焰梅，李晨红．促进教师专业发展的校本研修模式研究［J］．湖南第一师范学院学报，2014.

［12］袁丽，胡艺曦．课例研究对促进教师专业发展的作用、不足与改进策略［J］．教师教育研究，2018.

［13］胡庆芳．中小学课例研究的实践扫描［J］．江苏教育，2018.

［14］王少非．教师专业发展规划：意义内容策略［J］．中国教育学刊，2016.

第二篇

"数与代数"
课例

"比的认识" 课例研究历程

九江市双峰小学　涂俊珂　方　婧　汪浩浩

　　"基于课例研究的校本研修"基本流程包括"提炼问题，明晰方向；聚焦式观察，诊断课堂；互动评辩，争鸣碰撞；视域融合，和而不同；反思研修，推陈出新；再次实践，提升能力"六大环节。下面，笔者结合《比的认识》一节数学课的研究过程，来剖析基于课例研究的校本研修基本流程。

　　《比的认识》一课的执教教师是"数学应用学"硕士、教龄 5 年的方婧老师。参与此次课例研究的是同一年级的备课组成员，其中有省特级教师涂老师、省学科带头人汪老师、市级骨干教师王老师和万老师，还有教龄 5 年的曾老师，6 位老师组成本次课例研究的研修共同体。

一、提炼问题，明晰方向

　　没有问题就没有研究，课例研究的生命力就在于它直接面对教室里发生的真实事件与客观需求。研读教材、教案设计、课堂教学等每个环节都可能出现值得研究的问题，关键在于教师是否有敏锐的洞察力，是否关注课堂上学生的需要。并不是所有的问题都能成为课例研究的主题，课例研究的问题应来自备课时的困惑、真实的教学情境，应是教师共同关注的问题。只有当教师关注课堂上的教学问题，并提炼出有意义的教学问题时，才能成为课例研究的问题。我们来看看《比的认识》一课中，研究团队是如何提炼"问题"的。

　　当知道方婧老师要上《比的认识》一课时，团队老师起初有各种担心。

　　万老师：我觉得《比的认识》不好上呀！因为上的人太多了，许多名师对这节课都有自己的解读，我担心咱们上不出新意。

王老师：其实不存在不好上的课题，关键是要找到我们的突破口。

汪老师：不用担心，借这次课例研究的契机，深入挖掘数学知识本质，应该能有我们自己独到的演绎。

涂老师：嗯嗯，我同意大家的看法，都说"给学生一杯水，教师要有一桶水"。对于"比"这个课题，大家感觉都不陌生。今天利用研课的时间，我们不妨追问一下自己："若干年前的一桶水，尚存几许？"大家是不是先简单谈谈自己对"比"的原有认识。

万老师：教材里的解释"两个数相除也叫作两个数的比"。

方老师：我对"比"的认识更多停留在份数的角度，也就是几份对几份这样的理解。

王老师：我觉得比就是表示两个量之间的一种关系，它的结果可以用比值的大小来进行衡量。

曾老师：感觉比快慢的时候就有比的意义，比速度就是在看路程和时间的比值大小。

汪老师：我谈谈我的想法，20多年前还在村小时，就上过一次公开课《比的认识》，当时教材的定义就是"两数相除也叫作两个数的比"，备课时总感觉这句话没有讲清比的内涵。20多年过去了，教材中的定义一字未改，仍然是"两数相除也叫作两个数的比"，但直到现在这句话还是不足以征服我自己。

老师们对"比"都有自己的认知。说句实话，如果不是因为把《比的认识》这个课题作为研究对象，平时上课也许教材中怎样定义，我们就怎样教了！但就如汪老师所说，当课本中的定义不足以征服自己时，怎么办？我们很有必要进一步完善对比的认知结构的再建构。在集体的思维碰撞中，此次课例研究的主题就这样确定下来，那就是：什么是比？让学生经历什么样的数学活动来理解"比"的意义？

通过以上提炼问题的过程，我们可以发现课例研究的问题应满足四个条件：一是问题应来自真实的教学情境，而不是凭空设想随意杜撰或是某种理念的翻版；二是这些问题通过研究有解决的可能性；三是这些问题应是教研组里的教师共同关注的问题，具有一定的典型性；四是这些问题是目前急需解决的问题。

二、聚焦式观察，诊断课堂

聚焦式观察包括课前观察、课中观察、课后观察。

（一）课前观察

这里的课前观察可以理解为教学前测。教学前测是帮助教师找准教学起点的有效手段，利用前测可以把握学生的认知起点，根据学生的认知起点确定教学起点，然后在读懂学生的基础上进行教学设计。教学前测的形式可以是问卷、访谈等。

在《比的认识》课例研究中，方婧老师用问卷的方式对 A 班 49 名同学做了一次前测。前测主要由两题组成：

题 1：$18 \div 12 = 9 \div$ （　　）$= \dfrac{(\quad)}{2} =$ （　　）%

这道题的目的是了解学生对除法、分数及分数的基本性质、百分数，以及分数与除法的关系的掌握情况。第一道前测题，班上仅有 1 人出错，正确率为 98%，可以看出，学生对除法与分数的关系掌握较好，也为"比"的学习搭建起了桥梁。

题 2：什么是数学中的"比"？请举例解释你了解的"比"，可以写一写或画一画。

这道测试题的目的是了解学生在正式学习"比"之前，对"比"有怎样的了解。

图 1 是学生对"比"各类理解的数据统计图：

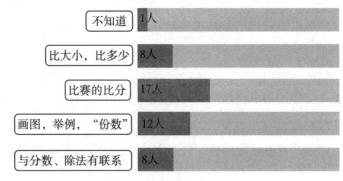

不知道	1人
比大小，比多少	8人
比赛的比分	17人
画图，举例，"份数"	12人
与分数、除法有联系	8人

图 1

①仅有1位同学写了"不知道"。

②有8位同学认为"比"是指对两个数量进行比较，比如比大小、比多少等。

③有17位同学认为比赛的比分是数学上的"比"。

④有12位同学通过画图或举例，从"份数"的角度介绍了"比"。

⑤有8位同学猜想比与分数和除法有联系。

收集到前测题的数据之后，研修团队对数据里隐藏的问题进行了深度研讨。

涂：这个孩子的作品很有意思（图2），有一部分同学的观点和他一样，认为"比"就是比大小多少。这是孩子原始的思考路径，很真实！这让我想到史宁中教授曾经说过：数学的本质是在认识数的同时，认识数量之间的关系（多与少），进一步抽象，是"数与数之间的关系（大与小）"。这种关系在小学阶段主要可以分化为两类：一是加减运算的和差关系，二是乘除运算的倍比关系。

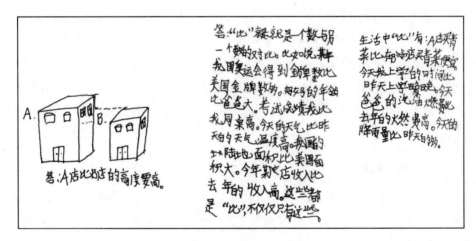

图2

万：我分析这8个孩子对"比"的理解还是停留在字面上的意思。应该是受一、二年级所学的比多少，比大小知识的影响。也就是史宁中教授所说的认识数的第一类，本节课就要侧重第二类的学习，研究数与数之间乘除运算的倍比的关系。

汪：还有8位同学猜想比与分数和除法有联系，说明有些学生对比是有一定敏感度的，但不够清晰，能够识别"比"表示比较的关系，并且已经自我排除了"比多少""比大小"，处在第二类比较关系的位置上，只要老师的教学有效引领，这些学生学习数学意义上的比应该是顺利的。

王：这里有 17 位同学认为足球比赛中的比分也是数学中的比，我觉得出现这种认知的原因，可能还是学生只是简单从表面的"形"来进行判断的。怎样破解这个问题呢，我觉得可以引导学生这样去思考：假设足球比赛中比分是 6：4，能改成用 3：2 进行记录吗？这显然是不行的。比赛中的比分其实只是一种记录进球的形式，它反映的只是一种记录结果，可以直观看出谁赢谁输，两队进球的差数。其实两个队进球的个数都是一个单独存在的个体，其中一队进球的个数不会因为另一队进球的个数发生变化，按照数学中两个量之间的关系而起对应的变化。所以，比分就不是我们数学中要研究的"比"。

汪：学生也许会质疑，甲班人数与乙班人数比是 3：2，当甲班人数变成 30 人，乙班人数一定会变成 20 人吗？如何面对学生的质疑？

方：还是回到生活中去解释，我们说人数按 3：2 进行分配，是基于有现实意义的分配，而足球比赛中的比只是一个单纯进球个数的累加。

汪：有 12 位同学是从份数的角度理解"比"，再来看这位学生都写出了前项后项，还有比的化简了，却说在生活中没见过比，我想这类学生对数学上的"比"有基础，但他没有办法迁移到生活中去。这样的前测引发我一个思考，这节课的设计应该从生活中的"比"切入，通过现实的情境使学生体会引入比的必要。

（二）课中观察

课中观察是研究者或观察者带着明确的研究主题，按照事先作出的规划，凭借自身感官及有关辅助工具（观察表、录音、录像等），直接从与研究主题相关的课堂情境中及时记录教与学的行为，并依据相关理论和现场第一手资料再作深入研究。课堂观察表是课中观察的工具，是由课例研修团队根据课例研修主题共同商议、制定的表格，可以从评价角度帮助执教者正确处理教学问题。

基于前测后的思考，方婧老师进行第一次教学实践。

【第一次教学实践】

1. 操作活动，引入"比"

（1）帮淘气设计放大后和缩小后的照片大小。

师：淘气想洗出两张不同大小的照片，应该如何放大和缩小，而又像这张照片呢？

用磁力条在白板中试着摆一摆，每个磁力条的长度大约都是1厘米，摆好后请记录下你所设计的照片的长和宽，并记录在表格中。

表1

	长（cm）	宽（cm）
原图	6	4
放大后的照片		
缩小后的照片		

（2）验证操作活动。

根据学生提供的数据，分别在电脑上展示学生放大和缩小后照片的样子。

2. 研究探讨，理解"比"的概念

师：虽然这三个长方形大小不一样，长和宽都发生了变化，那究竟有什么是不变的呢？

生：我发现把图 A 的长和宽同时缩小到原来的 $\frac{1}{2}$，就是缩小后的照片；把图 A 的长和宽同时放大到原来的 2 倍就是放大后的照片。

师：你们还有什么发现吗？

师：你们刚刚是竖着看发现其中不变的规律，那横着看呢？

生：我发现这三个图形的长都是宽的 $\frac{3}{2}$。

师：那是怎么算出这个 $\frac{3}{2}$ 的？

生：6÷4 =　　　　3÷2 =　　　　12÷8 =

师：在数学上，可以用"比"来表示两个数相除。例如，长是6，宽是4，可以说长和宽的比是6:4，同样的长是3，宽是2，可以说长和宽的比是3:2。

师：下面请同学们翻开课本69页，自学"认一认"部分内容。

师：你在书本中学到了什么？

生：两个数相除，叫作比。

师：还有吗？

生：还认识了比号、前项、后项、比值。

师：回到咱们之前研究的问题：放大或缩小照片，长方形的长和宽都发生了变化，那什么是不变的呢？用"比"相关概念说说看。

生：比值都是相等的。

师：这些照片虽然大小不一样，但我们可以说它们的形状却是一样的，怎样做到形状一样？（比值相同）比可以用来度量一个图形的形状呢！

3. 应用拓展，加深"比"的理解

师：在咱们生活中有许多比，你们见过吗？

生：地图、配饮料……

（1）生活中的"比"——做糖水。

师：老师泡了一杯糖水，用了10g糖，40g水，这里有"比"吗？

生：糖和水的质量比为10:40。

师：怎样配出甜度一样的糖水？

现在老师准备30g的糖，需要多少克的水呢？

那准备60g的水，加多少糖？

（2）生活中的"比"——总户数和车位数的比是1:1。

师：这是什么意思？

生：总户数和车位数一样多。

（3）质疑：比赛得分是生活中的"比"吗？

生：不能表示两数的相除关系，只是比分的一种记录。

4. 课堂小结

师：同学们，今天学了什么知识？有哪些与"比"有关的知识？

研修团队的成员围绕研究问题进行课中观察。（观察单见表2）

表2

教材版本：北师大版		课题：《比的认识》	
学校：九江市双峰小学　　班级：六（2）		学生数：50	
任课教师：方婧　　观察者：六年级数学备课组		观察日期：2018.11	

目标	关键学习观察点	实录状况	达成度分析
在数学活动中理解比的含义	淘气想洗出两张不同大小的照片，应该如何放大和缩小，而又像这张照片呢？用长度1厘米的磁力条在白板中摆一摆，摆好后在表格中记录下所设计照片的长和宽。	能根据原图长宽的关系来摆长方形：10人（其中全部摆完8人，还有2人因时间关系，没有摆完）；拿起磁条直接摆：32人；不明白活动要求：8人。	目标达成率16%
	三个长方形大小不一样，长和宽都发生了变化，究竟有什么是不变的呢？	能发现长总是宽的1.5倍：11人；能发现放大（或缩小）前后，对应线段长的商相等：10人；找错或找不到规律：29人。	目标达成率42%

（三）课后观察

课后观察可以理解为"后测"，判断学生是否达成了知识与技能学习目标。衡量学生是否达成目标，不仅看学生在课堂学习之后到达什么地方，还要看学生在课堂学习之前和之后是否发生了"位移"。

以《比的认识》一课为例，在方婧老师进行了第一次教学实践后，研修团队成员随机抽取20位同学用访谈的方式进行后测。

问题1：现在你能说说什么是数学中的"比"吗？

问题2：你能联系实际说一说生活中有哪些比吗？

后测结果：问题1有18人能完整说出"两个数相除就叫作两个数的比"，2人描述不完整，但能说出"相除"关键词。问题2有14人能从两个数之间的除法关系正确举例，但有6人把球场的比分当作"比"。

三、互动评辩，争鸣碰撞

在进行了第一次教学实践和聚焦式观察之后，进入互动评辩环节，这是一个思想碰撞的过程，评辩的目的不是辩驳、不是征服，而是共振。研修团队成员以课例为载体，针对第一次教学实践以及聚焦式观察的情形，从教学策略、教学方法和组织形式等不同的角度发表自己的观点，也可以研讨教学中的困惑、存在的问题及目标的价值取向等。不同观点的交锋，思想碰撞迸发的灵光，不断升温的讨论气氛，让执教者在与评课议课者多环节的对话及反思中来逐渐完善课例。

以下是研修团队针对《比的认识》一课展开的互动评辩过程。

确定把"什么是比？让学生经历什么样的数学活动来理解比的意义"？作为研究主题之后，团队老师们通过知网、图书馆查阅了大量文献资料。在互动评辩的开始，大家首先集思广益，阐述自己对"比"的再认识。

万：《辞海》中对"比"的解释是：比较两个同类量 a 和 b 的关系时，如果以 b 为单位来度量 a，称为 a 比 b。有的文献讲到，这种解释是有缺陷的，没有谈及两个不同类量的"比"。

军：大陆小学数学教材给出的解释是：两个数相除又叫两个数的比。通常，"两个数相除"包含"等分除""包含除""当量除"三种情况，很明显，比的定义中不包含"等分除"这种情况。由此可见，"除法≠比"，除法表达的是一种运算。比表示的是一种关系。除法与比之间既有紧密联系，又有本质的区别。

方：我在有的文献中看到台湾地区小学数学教材给出的解释是：比是指两个量的对等关系的记录。对等关系是指两个数量之间由于某种原因产生一种配对关系。

汪：查了这么多资料，最打动我的还是王永老师的观点，王永老师说到"比是用来刻画事物不可度量的属性"，看到这句话一下就引起了我的共鸣，在理解这句话的时候，我个人添加了一些自己的思考，即"比是用来刻画事物不可直接度量的属性"，生活中行走的快慢、水果的贵贱、蜂蜜水的甜度等都是不可度量的，但它们都可以用两个可以度量的对等的量来刻画或记录。

明晰了"比"的概念本质之后，大家针对方老师第一次教学实践和团队聚焦式观察的发现展开评辩。

王：方老师结合"如何放大或缩小才能与原图 A 比较像"的问题引入比。长方形的形状特征可以用它的长和宽两个对等的量来衡量，这就是两个量的比。

涂："像不像"无法度量，但用长方形的长与宽的比记录这种倍数关系，可以用来刻画长方形的形状，辨别照片像不像。所以，这节课的着重点应从量与量之间的关系上去认识比的本质。

曾：可是通过观察，课堂上如果没有点拨，学生很难把"照片像不像"与"长和宽两个对等的量的关系"联系起来。

万：方老师创设"用磁力棒摆长方形"的活动，目的是想让孩子在摆长方形的过程中能够关注到：长、宽所用的磁力棒根数的关系决定了照片"像不像"，可是实际操作时，真正能根据原图长与宽的关系来摆长方形的只有 10 人，大部分同学都是凭感觉拿起磁力棒直接摆。这是什么原因呢？

汪：我觉得是受生活经验的影响，平时判断照片像不像，因为有人像在图里，可以通过人像的高矮胖瘦、身材比例、五官等直观判断照片像不像，而方老师创设的活动其实是有难度的，她把照片抽象成了长方形，没有了人像作参照，凭感觉去摆当然会出错了。

曾：这样看来，教材先判断有人像的照片像不像，再从照片中抽象剥离出长方形，这样编排是有道理的。

方：摆长方形的活动确实难度大了，有些学生都没明白活动要求。这样看来还是尊重教材的编排，从"直接判断照片像不像"引入比较好。王老师刚才说的"解决长方形像不像的问题"其实属于同类量的比。学生可以找到几个长和长的倍数关系、宽和宽的倍数关系，同时也可以找几个长方形长和宽的倍数关系，从而发现比。而教材在第二课时，既温故了同类量的比，又创设了新的情境引入不同类量的比，有总价与数量的比、还有路程与时间的比。通过这些不同类量的关系来深入理解比的意义。

王：那我们在第一课时是不是就可以试着渗透不同类量的比，这样学生对比的认识会更加丰富。

万：我有一个疑惑，前面查阅资料时有说道："两个数相除"与"两个数的比"不是等价概念。但是，教材中明确定义：两个数相除又叫作这两个数的比。

汪：书上是有这句话，不过在这句话前还有这几个字：像上面那样……结合情境来看这句话是没有问题的。

在互动评辩中，执教者与其他教师形成学习型、研究型共同体，借助同伴帮助，筛选多种教学资源，合理构想、设计，并将构想、设计予以优化后付诸实践，长此以往，民主、互助、共进的学术氛围，合作互助、同舟共济的教研文化必将形成。

四、视域融合，和而不同

"视域融合"并非绝对的完全相同，它是各种异质性因素的融合，与中国先秦的"和而不同"思想有异曲同工之妙。在课例研究的过程中，对待团队成员各自的观点并不是"非此即彼"，可以在关键问题和研究方向上有"大体"相同，但教无定法，"一千个人眼中有一千个哈姆雷特"，教学实施无"定体"，这正是在同一知识共同体下做到"和而不同"。

我们来看看《比的认识》一课中，团队成员对"让学生经历什么样的数学活动来理解比的意义"这一问题的研究过程。

曾：我觉得有一些描述性的知识，比如：比的意义可以由教师直接讲授，比的各部分名称可以通过看书自学掌握（自学习得）。

方：嗯，但是有的经验不是靠教师教出来的，比如：对比的度量属性的感悟，需要让学生亲身经历各种数学活动，不断积累才能形成。

万：好的数学活动不在于形式多华丽，关键要创设触及概念本质、触动思维内核的活动。我觉得不需要另辟蹊径，只要尊重教材就以照片像不像作为情境主线，引导学生抓本质，从"长与宽"这两个对等的量去开始研究，重点体现比值在判别照片"像与不像"时的作用。随后再安排糖水甜不甜、跑速快与慢、颜色深与浅这些学生极为感兴趣的活动与素材。在这些情境中去找比、分析比，逐步让学生懂得"比"可以用来描述事物不可度量的属性。

王："属性"一词还是比较抽象，因此课堂上我们采用儿童化的语言，像不像、甜不甜、快与慢、深与浅来帮助学生理解，更合适一些。

涂：大家说得都很有道理，课堂上不仅要关注老师怎样教，更要关注学生怎么学。在教学实践中，对"一桶水"的追问还应继续：您教给学生取水的本领了吗？我想，要想让学生掌握"取水的本领"，引导学生学会从头到尾想问题特别重要。

方：嗯，在探究"这些照片的长与宽有什么关系"时，我们是不是可以设置一个关键问题：你准备怎样探究？这其实就是解决问题方案的选择与设计。在照片像不像的探究过程中，最初是引导并安排学生测量照片的长和宽，让学生从收集原始数据入手，当有了数据之后，要结合学生的实际，结合学情的实际，着力从数据运算进行分析，找到现象背后的本质。

汪：课堂上，我们有两条路可选择：①直接让学生除一除，找到长和宽的倍比关系；②索性放手让学生自己去尝试不同的运算，在求和、求差、求积、求商的过程中总有一个结果是固定的。

曾：那还是选择第二条路，更符合学生真实的思考路径。这样节奏可能会慢些，但让学生经历一个完整的探究过程，放慢学习的脚步，最后的赢家肯定是学生。

王：从"获取数据→尝试不同运算→寻找共同特征→发现规律"，学生经历了一个完整的"解决问题方案的选择与设计"的过程，如果下次再研究两个量之间的关系时，学生能知道沿着怎样的路径去探究，那就太棒了！他们已经有了"取水的本领"，这也是我们的终极目标，让学生通过学习，学会学习！

可以看出，在这个环节大家能站到一定高度反思教学过程中的成败得失，对"让学生经历什么样的数学活动来理解比的意义"这一问题的探讨，有一种"拨开迷雾见青天"的豁然开朗。

五、反思研修，推陈出新

进入这一环节，执教教师需要纵向反思，把自己的教学实践作为一个认知对象进行思考和梳理；同时还需要横向反思，跳出自我，把他人经验进行分析、整合并吸收为自己经验，取他山之石为己用，从而推出新策略，不断改进课堂教学。实践证明：促进个体反思，在"视域融合"中分享、合作，在反思、修改中不断提升，是教师专业成长的关键之所在。

以下是方婧老师经过反思研修，调整后的教学设计。

【第二次教学设计】

1. 趣味引入

师：课前老师给××同学拍了张照片，想不想看？

师：为什么觉得这么好笑？

生：因为这张照片太夸张了，变形了。

师：看来照片像不像，就是指这张照片中的人有没有变形。

图 3

2. 照片像不像

（1）分类。

师：淘气也在拍照，这是他拍的照片，把它取名为原图 A。原图 A 经过这样放大或缩小的修改后，就有了这些照片，这些修改后的照片中哪些与 A 像呢？请你分一分。

师：要怎样分类？

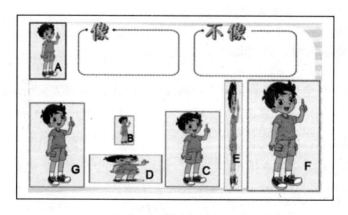

图 4

（2）照片像不像和什么有关系？

师：照片像不像，究竟和图片的什么有关系？

生：长和宽。

师：看来与长方形的长和宽有关系，真有想法，能透过现象看本质。

（3）这些照片的长和宽有什么关系？怎样研究这个问题？（量—算—找）

请思考这些照片的长和宽有什么关系？（课件出示这句话）

师：怎样研究这个问题呢？（课件出示这句话）

生：先得知道长和宽分别是几。

师：有道理，要先测量。（板书：量）

师：以原图 A 为例，用方格图帮忙数一数，原图 A 的长是几？宽是几？像这样。

把它记录下来（板书），待会儿你们要看下和原图 A 的长对比，在 B、C、D、E、F、G 中长变成几，宽在这些图中又变成几。

汇报数据：

A．6cm　4cm　　B．3cm　2cm　　C．11cm　9cm　　D．3cm　8cm

E．12cm　4cm　　F．12cm　8cm　　G．9cm　6cm

师：有了数据，迈出了成功第一步，那接下来再来研究什么问题？

汇报分享：

预设 1：

生：我发现长和宽同时加上同一个数。

师：只有一张照片的长和宽有这样的关系，这个发现能有十足的信心解决咱们研究的问题吗？

预设 2：

生：我发现与照片 A 像的都是把它的长和宽同时放大和缩小多少倍。

师：都有这样的关系吗？

生：图片 C 没有。

师：那你觉得图片 C 的位置应该怎样？

生：移到"不像"一组。

师：竖着看，你们发现了长和长，宽和宽之间有这样的规律，这让我们想

到之前学的什么规律？（商不变的规律）

刚刚是竖着看发现规律的，那横着看呢？

预设3：

生：我发现与照片A像的这一组的长都是宽的1.5倍，（或3/2）而不像的那一组不是。

师：怎样得到1.5的？

生：用长除以宽。

师：算出来的啊。（板书：算）

师：瞧，通过量、算，最终我们找到了长是宽1.5倍这样的相除关系。（板书：找）

师：照片C的长和宽相除不等于1.5啊？

那你觉得图片C的位置还应该在这吗？

生：移到"不像"一组。

（4）引入"比"的概念。

师：在数学上咱们把6是4的1.5倍这样的相除关系，记作长和宽的比是6:4，这叫作"比"，表示什么是什么几倍的相除关系。所以，比和什么运算有关系？（除法）也可以说，比表示两数相除。（板书）

师：下面请同学们翻开课本69页，自学"认一认"部分内容。谁来汇报，你在书本中学到了什么？

生：两个数相除，叫作比。

生：还认识了比号、前项、后项、比值。

师：现在你们知道照片像与不像的奥秘了吗？

生：相片像的原因是长和宽的比值相等。

师：那不像的照片的比值呢？在草稿本中写一写。

师：照片C为什么能一开始骗了大家？

生：长和宽的比值接近1.5。

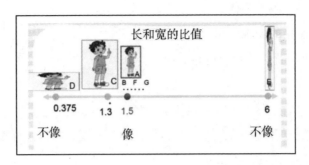

图 5

师：当眼睛很难辨别时，我们用数据来说话。当长和宽的比值与 1.5 离得越近就越像，离得越远，就越不像。（课件出示数轴）

师：那这张照片像 A 吗？你能确定吗？（只显示照片的宽是 10cm）

生：不能，不知宽是多少。

师：照片像不像得看这些照片的长和宽，长是几就与照片 A 像了。验证一下，比值是 1.5 吗？怎样算。

师：这么多的比的比值都是 1.5，写不完，推荐一个比来代表所有的比吗？

生：3∶2。

师：所以像的照片的长和宽的比都可以由 3∶2 来表示。

师：通过长与宽的比帮助判断照片像不像。

3. 糖水甜不甜

师：配糖水中，会有什么比？

（课件出示水与糖的质量比是 40∶8）

师：表示什么样的相除关系？

生：水的质量是糖的 5 倍。

师：现在前项和后项换一下，8∶40 表示谁和谁的比呢？8∶40 表示什么样的相除关系？

生：糖的质量是水的 1/5。

师：这里有①和②两瓶糖水，它们糖和水的质量比分别是其中一个（糖与水的质量比分别是 8∶40 和 1∶20），你有办法找到每瓶糖水各自对应的比吗？

生：尝一尝。

师：有结果了吗？为什么？

生：①号瓶中的糖水更甜。

师："更甜"背后的数学奥秘是什么？

生：比值大。

师：尝糖水的过程中还能发现数学奥秘，了不起呀！

师：我想配更多这种很甜的糖水，保证甜味不变，可以怎样配？

若要 40g 糖，需要多少水？

师：这些糖水糖与水的比值一样吗？

师：通过糖与水的质量比，可以判断糖水甜不甜。

4. 跑得快与慢

师：老师再请大家看一段动感十足视频吧。视频里是谁？他们俩谁跑得快呢？还得由数据来说话，这里有比吗？（郑恺 60m 用了 8s，鹿晗 96m 用了 12s）

师：看两组信息，你能写出比吗？并算出比值。

师：60∶8 和 100∶12 都表示什么和什么的相除关系？

生：路程和速度。

师：得到的比值就是我们之前学过的速度啊。

师：通过路程和时间的比，可以判断谁跑得快，谁跑得慢。

5. 颜色深与浅

师：猜猜调颜色中有没有比？颜料中大部分颜色都可以由红黄蓝三原色配比而成，想不想试试调颜色？咱们试试把黄、蓝两种颜色按 1∶1，1∶2 调配吧，猜猜调出来的颜色一样吗？

师：请小助手帮忙，先配黄蓝的比是 1∶1 的吧，在 A 瓶中加入一杯黄色颜料，再加几杯蓝色？在 B 瓶中加入一杯黄色颜料，再加几杯蓝色颜料？你发现什么？

生：颜色更深了。

师：真神奇啊，想想看如果我再配一杯，加入两杯黄色颜料两杯蓝色颜料，配出来的颜色会与哪杯一样？颜色一样背后的数学道理是什么？

生：比值一样。

师：咱们在 B 瓶里再加入一杯红色的吧，会是什么颜色呢？现在 B 瓶里红黄蓝的比是多少？

如果我再加 1 杯红色的呢？会有什么变化？再加一杯红色呢？

师：通过调配颜色，比可以帮助我们判断颜色的深与浅。

6. 课堂小结

师：同学们，今天学了什么知识啊？在咱们生活中还有哪些比？

六、再次实践，提升能力

教师在同伴"评辩"中智慧碰撞、经验交融，在视域融合的过程中看清方向，在反思和再次实践中找寻课堂教学改进的策略。再次磨课、实践，教师经历由"感性"—"理性"—"感性"的思维过程，同时经历由"经验"—"实践检验"—"实践"的磨课过程，在实践反思中实现教育教学智慧的全面的提升。

在《比的认识》这节课的课例研究中，方婧老师与团队成员一起经历了"学习、设计、教学、反思——再学习、再设计、再教学、再反思——继续学习、继续设计、继续教学、继续反思"的过程，年轻的方婧老师进步非常快，与团队里的涂老师一起走进河南省驻马店，做《比的认识》现场课展示，获得听课老师一致好评。

播种种子　给知识以生长的力量

——"有几瓶牛奶"（9 加几的进位加法）

九江市双峰小学　涂俊珂

如果将某一个知识系统看作一棵树，这棵树的生长过程表现为若干节课，那么一定有一些课是能给后续知识以生长力量的关键课。"有几瓶牛奶"暨"9 加几的进位加法"就是这样一节"种子课"。

下文将围绕三个"读懂"展开。其中读懂教材是基础，读懂学生是支撑，读懂课堂是核心。

一、读懂教材

1. 本课内容的"地理位置"

"有几瓶牛奶"是北师大版小学数学一年级上册第七单元的内容，主要学习"9＋几"的进位加法。

在这之前，学生已经学习了 10 以内数的加法、认识 11～20 各数、以及 20 以内数的不进位加法等相关知识，接着马上要学习"8 加几""7、6、5 加几"，后续还要学习 100 以内数的加法（一下）和万以内数的加法（二下）。可以看出"9 加几"是进位加法的起始课，也是后续学习的基础。处于知识节点间的"地理位置"，决定了"9 加几"是一节值得深耕细作的"种子课"。

2. 本课的"情境＋问题串"

"情境＋问题串"是新版北师大教材的呈现方式。本课的问题情境是"有几瓶牛奶"：

图1

与人教版"有多少盒饮料"和苏教版"有多少个苹果"不同的是，北师大教材呈现的情境是分别装有9瓶牛奶和5瓶牛奶的两个盒子，这两个盒子其实是生活中"凑十"的直观模型，既可以从5瓶中拿1瓶与9凑成10，也可以从9瓶中拿5瓶与5凑成10，这样的编排设计正是学生计算策略多样化的源泉。

图2   图3

教材围绕"有几瓶牛奶"情境，展开"摆一摆，说一说；做一做，说一说；圈一圈，算一算"三个问题的学习，启发学生的思维步步推进、逐步深化。

二、读懂学生

数学教学活动应该建立在学生的认知发展水平和已有的知识经验基础上。只有读懂学生，我们才能知道学生"现在在哪里"，为了读懂学生的已有基础，找准教学起点，我们对学生进行了前测。

前测题一：计算5道"10加几"的不进位加法和10道20以内的进位加法。

前测题二：学生口述，请家长真实记录孩子做"9＋5"的计算方法。

经统计，前测题中5道"10加几"的不进位加法正确率100%，10道20以内的进位加法题，平均每题的正确率达91.3％，数据表明仅就获得正确计算结果而言，学生在正式学习 20 以内进位加法前，已经具备比较扎实的基础。但对孩子们"9 + 5"的计算方法进行分析归类后，我们发现能用"凑十法"来计算的仅占 12.5%。这次前测，带给我们两点思考：

（1）教学的重心不应是关注正确的计算结果，而是"凑十"的计算策略和进位的计算道理。这些正是能带给后续知识以生长力量的宝贵种子，我们要把它们播撒在孩子的心田。

（2）单看"9 + 5"这样抽象的符号表征，学生很难想到"凑十"的计算策略。所以，理解"凑十法"的含义也是本节课的难点。课堂上我们要充分利用实物演示、小棒、计数器等直观模型，丰富学生对算法和算理的理解。

三、读懂课堂

如果说读懂学生是了解"学生现在在哪里（教学起点）"，那么读懂课堂则是要明确"引领学生到哪里去（教学目标）"和"怎么到达（教学过程）"。

"9 加几"这节课中，我们确定教学目标如下：

（1）结合具体情境，在解决实际问题的过程中探索"9 加几"的进位加法的计算方法；

（2）借助摆小棒、拨计数器的直观操作活动，初步感知计算方法的多样性，并理解"凑十"的计算策略和进位的计算道理；

（3）通过学习"9 加几"的计算方法，初步感受转化的数学思想。

如何达成目标，有效突破重难点？我们决定让学生经历"数一数、摆一摆、拨一拨、圈一圈、理一理、练一练"等数学活动，让学生在活动中理解算理、构建算法，积累数学活动经验。

四、教学过程

（一）数一数，唤起"凑十法"的意识

（1）小朋友们，你们会数数吗？今天的数学课让我们首先分为红、蓝两队来一次数数比赛，怎么样？红队看左边，蓝队看右边，比比哪队能快速、正确地数出物品的个数。

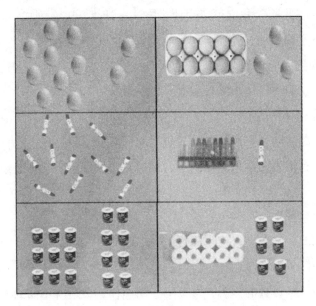

图4

（2）师：红队数得真快呀！下面我宣布——红队获胜！

生：不公平！我们的东西是散的。

生：红队的东西都是10个装在一起的，只要数旁边有几个，就是十几。

师：鸡蛋是"10加几"？（课件：10＋3＝13）橡皮呢？（课件：10＋6＝16）如果是10＋8呢？10＋9？10＋几就是——十几，嗯，确实挺好算的！看来满了10个就凑成一个十，数起来真得很方便！带着这个体验，让我们开始今天的学习吧！

设计意图：课始的数数比赛激起学生强烈的思维冲突。大家很快发现蓝队获胜的法宝：鸡蛋、橡皮都是10个装在一起，10＋几就是十几，多好数呀！从紧张的比赛到思维的顿悟，"凑十法"的种子已悄悄在孩子心底萌发：满了10个就凑成一个十，数起来真得很方便！带着这个体验，孩子们开始了本节课的学习。

（二）摆一摆，展开"凑十法"的探索

（1）出示牛奶情景图；

（2）让我们来看看这两盒牛奶，哟，都不是满盒的。如果装满了，一盒能装几瓶牛奶？（10瓶）那我们来数一数，现在每盒都装了几瓶牛奶？（9瓶、5

瓶）那"一共有几瓶"我们可以用什么方法来计算？怎么列式？

生：9＋5（师板演：9＋5＝　）。

师：9＋5到底应该怎么算呢？老师为大家准备了小棒，1根小棒表示1瓶牛奶，请小朋友们自己用小棒摆一摆，说一说9＋5怎么算。

（3）操作解决：

师：有想法的同学可以把自己的想法与同桌同学说一说。

师：已经有很多同学想到办法了，谁愿意给大家讲一讲你是怎样算的？

① 方法一

生：心中装着9，接着数5个。

师：请你上来带着大家用小棒数一数。

生：10、11、12、13、14。

师：他用了接着数的方法，可以吗？谢谢你，谁还有不同的方法？

② 方法二

生：从5根小棒里拿出1根放到9这边，凑成10根，再用10＋4，就是14。

师：他是这么想的，他的想法谁能明白？请你再来讲一讲。

师：哪些同学和他的想法是一样的？嗯，很多同学都是这样想的，这种方法我也听明白了，不过我有一个疑问：为什么要从5根小棒中拿出1根放到9这边，怎么不拿2根或3根呢？

师：看来这1根小棒不是随便拿的，它是有任务的，它的任务是和9凑成10，5拿走了1还剩4（板书：4），10＋4等于14，所以9＋5等于14。

$$9 \; + \; 5 \; = \; 14$$
$$\underset{10}{\underbrace{\qquad}} \overset{\diagup \diagdown}{\underset{1 \quad 4}{}}$$

师：9＋5可以这样算，把5分成1和4，1和9凑成10，10＋4＝14。

师：谢谢××同学为我们提供的好方法，让我们发现摆小棒与计算有这样巧妙的联系。谁还有不同的方法？

启发：我们刚才把9凑成了10，还可以把谁凑成10呢？

③ 方法三

生：还可以从 9 根小棒里拿出 5 根，放到这边的 5 根小棒里，凑成 10，再和剩下的 4 根合起来也是 14 根。

师：你们有什么问题想问问他吗？

生：为什么从 9 根中拿出 5 根，而不是其他根数呢？

根据学生的回答补充板书：

$$9 + 5 = 14$$
$$4 \quad 5$$
$$10$$

师：9 + 5 还可以这样算，把 9 分成 4 和 5，5 和 5 凑成 10，10 + 4 = 14。

对比：这两种方法有什么相同的地方？（都是先凑成 10，把 9 + 5 转化成了好算的 10 + 4）

师：这种"先凑成 10，再算十加几"的方法数学中也叫"凑十法"（板演：凑十法），如果是把 9 凑成 10，就要从 5 中分出 1，如果是把 5 凑成 10，就要从 9 中分出 5。

设计意图：两个质疑、一次对比，促成算法的构建，让"凑十"种子抽枝发芽，整个过程，教师勇敢地退、适时地进，智慧的"进退"成就了学生的精彩！

（三）拨一拨，体会"满十进一"的道理

（1）师：笑笑在跟我们一起学习后，想用计数器试一试，我们一起来看看，她是这样算 9 + 5 的（课件动态演示）。

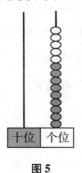

图 5

师：你们有什么话想对笑笑说吗？

生：个位已经满 10 颗珠子了，不能都放在个位。

生：要去掉个位的 10 颗珠子，在十位上拨一颗珠子。

师：哦，仔细看，是这样吗？（课件播放）

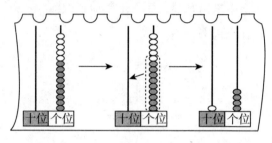

图 6

问：瞧，发生什么变化了？

生：个位的 10 颗珠子没有了，变成十位的 1 颗珠子。

问：这是为什么呢？

引出：个位满十就要向十位进一。

（2）问：你们能把 9 + 5 的计算过程自己在计数器上拨一拨吗？

师：同位合作，一起试试看。

师：请两个小朋友上来一人讲解一人演示。我来做你们的助手，好吗？

师：你们是这样拨的吗？无论是摆小棒，还是在计数器上拨珠子，在计算 9 + 5 的时候只要满了 10 个一，就要变成一个十（指小棒），个位满了 10（板书：满十）就要向十位进一（板书：进一）这就是满十进一，这样的加法叫作进位加法。（板书：进位加法）

设计意图：综观这几个环节，通过小棒、计数器等直观模型，将抽象的算理形象地显现出来，孩子们通过思维的脚手架，在算理与算法的连接处来回穿行，数学的种子早已破土而出，蓄势待发！

（四）圈一圈，再悟"凑十"的策略

（1）师：同学们，现在我们会计算 9 + 5 了，你能用今天学习的方法来解决蓝队刚才遇到的问题吗？

① 课件显示：

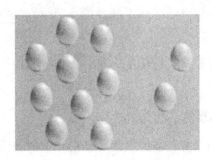

图7

师：左边有几个鸡蛋？右边呢？用什么方法能很快算出"一共有几个鸡蛋"？

生：凑十法。

师：请你上来圈出10个。

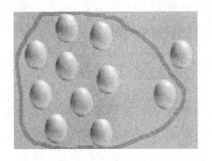

图8

为什么从4个中分出1个？

② 用这样的方法再来算一算：有多少卷纸？

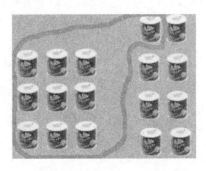

图9

（2）师：瞧，通过 10 个一圈，我们把 9 + 2 和 9 + 8 都转换成了 10 + 几，这样就好算多了！想不想自己试试？翻开课本 79 页，请在书上完成"圈一圈，算一算"。

设计意图：圈的过程其实就是在"凑十"，通过圈一圈，学生再悟"凑十"的策略。

（五）理一理，再现算法的探索过程

师：看来，同学们这节课掌握得还真不错。下面开动记忆的小火车，让我们一起来回顾这节课的学习过程：

首先，我们通过红蓝两队数数比赛发现凑成 10 来计数很方便，在解决"有几瓶牛奶"这个问题时，我们通过摆小棒、拨珠子等方法学会了用凑十法计算 9 + 5，知道了个位满十要向十位进一，我们还用所学的知识计算了 9 + 2、9 + 8、9 + 3、6 + 9，（课件出示算式）仔细看看，这些算式都有什么共同的地方（都有 9），对，这就是今天我们学习的 9 + 几的进位加法。

（六）练一练，感受数学思考的乐趣

（1）勇攀高峰：先计算，而后通过同位两人计算卡的拼合，发现交换加号两边数的位置，得数不变。

（2）眼疾手快：同位两个伙伴看算式抢数字卡片，看谁算得准，出手快。

（3）观察这些算式的得数与 9 加几有什么联系，让学生在探索 9 加几的计算规律的过程中发展思维，感受数学思考的乐趣。

【种子的力量在于生长！今日在孩子心中播种的"凑十、满十进一、转化"等数学种子，来日必将生根发芽、开花结果，给后续知识以无穷的生长的力量！】

充分利用直观　启发学生说理

——"两三位数乘一位数（不进位）"教学实录与评析

九江市双峰小学　涂俊珂　万维鹏

【课前思考】

"多位数乘一位数（不进位）笔算乘法"是人教版小学数学三年级上册第六单元笔算乘法例 1 的内容。在这之前，学生已经熟练掌握了表内乘除法，会计算整十、整百、整千数乘一位数，并且能借助小棒探究并掌握两位数乘一位数的口算的算法和算理。课前，我们对学生进行了前测，发现大多数学生能快速口算出 12×3 的结果，一部分学生通过家长或其他途径得到"提前学习"，已经会列乘法竖式。

这让我们不禁思考，本节课的着重点究竟在哪里？通过进一步访谈我们发现，尽管很多学生会列乘法竖式，但对于竖式中每一步计算的实际意义，却是说不清道不明的。原来，学生看似已"会"的算法并没有算理的支撑！而算法的学习不能脱离算理的学习，学生既要掌握算法，也要理解算理，否则算法的学习就可能停留于"依葫芦画瓢"的模仿以及机械应用的水平。所以，本课的教学重心应该是借助几何直观（小棒图）把 12×3 拆分成 2×3 和 10×3，并与竖式计算中的每一步对应起来，清晰地呈现出两位数乘一位数的乘法竖式的计算过程，帮助学生理解竖式每一步的具体含义。带着这样的思考，我们确定了以下学习目标。

（1）在解决问题的过程中，探索并掌握两三位数乘一位数（不进位）乘法的计算方法，能正确进行计算；

（2）借助小棒图这一直观模型，理解乘法竖式每一步的含义，进一步体会算法多样化；

（3）在交流各自算法的过程中，培养学生学会有条理地表达自己的想法，逐步养成认真倾听、善于思考的好习惯。

【课堂再现】

（一）在情境中发现问题、提出问题

师：同学们，瞧，这是什么？（课件出示一盒水彩笔）咦，水彩笔不是画画用的吗？和咱们的数学课有关系吗？别着急，（课件：出现三盒水彩笔）谁发现了数学问题？

生：有 3 盒彩笔，每盒有 12 支，一共有多少支彩笔？

问：你怎么知道每盒有 12 支？（盒上写着 12 色）

师：你有一双数学的眼睛，能从细节中找到重要的数学信息。谁能像他这样再说一遍？

师：怎么列式？

生：12×3。

评析：让学生独立观察情境图，自己发现数学信息并提出问题，并学会用数学的眼光去寻找有用的数学信息，培养学生发现问题、提出问题的意识和细心审题的好习惯。

（二）借助直观模型，回顾口算算法与算理

1. "拿一拿"，重温口算算理

师：这道题难不倒你们。像这样两位数乘一位数的乘法题，我们已经会口算了。真正的数学高手不仅会算，还要会说！想一想：12×3 怎样口算？如果把这 3 盒彩笔打开，你能从盒子里拿一拿彩笔，来解释自己口算的道理吗？

生：从每个盒子里拿出 2 支，每个盒子里剩下 10 支，$10 \times 3 = 30$，$2 \times 3 = 6$，$30 + 6 = 36$。

师：为什么每盒不多不少，就拿 2 支？

生：这样更好算。

师：谢谢你用"拿一拿"的方法为大家清楚解释了计算的道理。

2. "圈一圈",再悟口算算理

师:我们还可以借助什么工具来解释口算的方法呢?(小棒)

师:对呀,我们还可以把彩笔看成一根根小棒。(课件:36 根小棒与彩笔重合)

10 支就是一捆,(课件:三盒慢慢隐去,10 支聚拢,变成一捆)现在你能在小棒图上圈一圈,表示出自己的算法吗?(课件:圈一圈)小棒图就在你们的学习卡上,请拿出学习卡圈一圈吧!重要的计算步骤可以写下来。

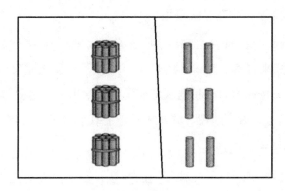

图1

3. "说一说",深化口算算理

生:我把小棒图分成两个部分,其中一部分有 3 捆,每捆 10 根,就是 30;另一部分也是 3 行,每行 2 根,也就是 6。最后把它们相加得 36。

师:瞧,通过在小棒图上圈一圈,把计算的道理说得多清楚啊!

4. 对比找联系

师:刚才,我们借助拿彩笔、圈小棒来解释 12×3 的计算道理,它们有联系吗?(课件:同一页面出现彩笔图和小棒图,上下排列)有什么联系呢?

生:都是把 12 分成 10 和 2。

追问:为什么要这样分?

发现:把 12 拆成 10 和 2,就转化成好算的整十数乘一位数和一位数乘一位数,先算左边部分 10×3=30 根小棒,再算右边部分 2×3=6 根小棒,然后把 30 和 6 加起来,这样更方便计算!

评析:磨课初始,老师们对这个环节的处理有不同的意见,有的老师认为口算是前面已学过的内容,直接让学生口算出答案就可以了,没有必要再次重温口算的过程。但是，经过反复推敲、研讨，大家达成了共识：口算算理是竖式算理的基础，应该让学生在充分掌握口算算理的基础上去理解笔算算理。因此，要让学生经历从实物水彩笔图上"拿一拿"、再抽象出小棒模型中"圈一圈"、并借助小棒图"说一说"的过程，通过回顾乘法直观运算的算法及其算理，唤醒学生已有的经验，为后面学习乘法竖式打下坚实基础。

（三）依托已有活动经验，自主探究乘法竖式的算法与算理

1. 合作探索交流，构建竖式模型

师：来，我们一起把这种口算的方法读一读吧！其实，12×3除了口算，我们还可以用竖式来计算，12×3的竖式该怎样写？怎么用竖式把这些重要的计算过程记录下来呢？咱们一起试试怎么样？快拿出草稿本写写吧！

（学生独立思考，教师巡视，并从中选取有代表性的竖式展示）

2. 探究每种竖式的道理

师：瞧，黑板上展示出了几种不同的写法，数学是要讲道理的，接下来每种竖式的代言人要讲自己的道理了：你的竖式中每一步的意思是什么？为什么这样写？（课件：讲道理：每一步的意义为什么这样写）

【作品一】3个竖式

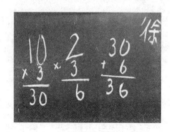

图 2

师：首先请小徐同学来介绍一下吧！

生：$10×3=30$、$2×3=6$、$30+6=36$。

师：原来他给口算的每一步都写了一个竖式。哪些同学的想法和他一样？谢谢你的分享！

【作品二】乘法竖式的展开形式

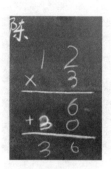

图 3

师：小陈同学是这样写的，请他来讲讲这个竖式的道理。（请两位同学上来）你们俩配合吧，一人说竖式，一人用小棒图工具辅助他讲道理。

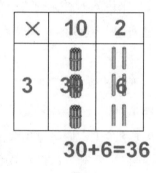

30+6=36

图 4

生：先算 $2 \times 3 = 6$（也就是小棒图中的右边一部分），$10 \times 3 = 30$（也就是小棒图中的 3 个 10），$30 + 6 = 36$。

质疑：10×3 中的 10 从哪里来的呢？

生：1 是在十位上，表示 1 个十。

师：看来你们都知道，看到十位上的 1 乘 3 其实就表示 10 乘 3。2 在什么位？（个位）个位上的 2 乘 3 等于 6，合起来就是 36。

师：看看两个竖式之间有什么不同的地方？又有什么相同的地方呢？

生 1：小徐同学写了三个竖式，小陈同学只有一个竖式。

生 2：它们都要算 $10 \times 3 = 30$、$2 \times 3 = 6$、$30 + 6 = 36$。

师：是呀，小陈竖式把小徐的三个竖式给合并成了一个竖式，相同的是，它们都清楚地记录了这几个重要的计算步骤。

【作品三】乘法竖式的缩减形式

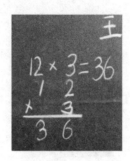

图 5

师：这个竖式当中也藏着这样的计算过程吗？小王竖式的代言人已经迫不及待了！咱们还是请出两位发言人，互相配合说一说吧，（学生发言围绕"每一步的意义""为什么这样写"来讲）有补充的吗？有谁想提问吗？

概括：这个竖式每一步的意思与刚才的竖式其实是一样的，都是先算 $2 \times 3 = 6$，再算 $10 \times 3 = 30$。

问：和刚才的竖式相比，不同的地方在哪？为什么 30 不用专门写出来呢？

生：把 3 写在十位上，就是 30。

师：哦！3 在十位上，表示 3 个十，而 $30 + 6$ 就等于 36，所以可以直接把 3 写在哪里？3 个十，6 个一合起来就是 36。（课件演示）

3. 学写乘法竖式

师：同学们，让我们一起把这种简洁的竖式再写一遍吧。先把两个乘数、乘号记下来，3 和谁对齐？

师：你想先从哪一边乘起？（个位）说说理由。

生：个位有可能进位，如果从十位乘起会有些麻烦。

师：你考虑问题很周全，确实如此，为了计算方便，用竖式计算乘法时，我们通常从个位乘起，再算什么？$10 \times 3 = 30$，写在积的十位。

师：最后合起来就是 36。

师：刚才，我们用竖式计算 12×3 时，3 乘了几次？（2 次）

4. 三位数乘一位数

师：两位数乘一位数你们会算了，三位数乘一位数，会算吗？试试看吧！

（课件：312×3）

学生自己在作业纸上尝试，教师让一位同学板演。

师：学数学可是要讲道理的。谁能说一说，这个竖式每一步的意思。

生：2×3得6，表示6个一，写在个位上；

10×3得30，表示3个十，写在十位上；

300×3得900，表示9个百，写在百位上。

合起来就是936。

（课件：配合学生的介绍，分步显示表格。）

师：三位数乘一位数，乘了几次？没错，三位数乘一位数时，个位、十位、百位上的数要分别和一位数相乘，看来，按顺序依次乘完每一位，真的很重要！为了奖励你们的细致，老师决定送给你们一枚计算小金币。小金币的反面写着什么？（生读：依次乘完每一位）

评析： 乘法竖式的简缩写法是程序性知识，在课堂上并不急于出现这种写法，而是扩展竖式的形成过程，从"分开列三个竖式"到"乘法竖式的展开形式"，再到"乘法竖式的简缩写法"，通过这座"思路桥梁"，帮助学生充分体验由直观算理到抽象算法的过渡和演变过程。同时，引导学生思考：为什么可以写成这种简缩形式？如何让这背后蕴含的道理说得清、道得明？课堂上引导学生请几何直观来帮忙！通过巧用小棒图，在直观算理和抽象算法之间架设一座"图像桥梁"，此时，几何直观可以充分发挥启迪说理的功效，给算理解释提供理解支撑，使得抽象的数学发现与推理论证得以外显。

（四）寓练习于游戏，在巩固算法中渗透数学好习惯

师：你们想获得这样的计算小金币吗！（想）那让我们一起到"计算飞行棋"中去走一走吧！请听游戏规则：

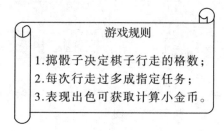

图6

算理我会说

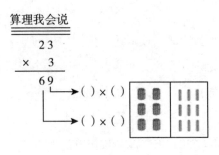

图7

（1）（课件：掷骰子5点，棋子走5格，出现任务1）算理我会说：说出下面竖式中每一步计算的含义；

（2）（课件：掷骰子5点，棋子走5格，出现任务2）进入计算岛；

每人先独立计算每道题，算完之后与小组同学互相检查，如果发现问题要分析错误原因，给出温馨提示，这样你们就能获得计算小金币了。

（3）（课件：掷骰子2点，棋子走到19，出现字面）跳到"比19的2倍多1"的数；

（4）（课件：掷骰子4点，棋子走到终点43，出现）。

将计算练习融入"计算飞行棋"的游戏中，巩固练习的同时，通过小组互动交流，促使计算好习惯的养成。

（五）总结延伸

1. 乘法竖式的演变

师：飞行棋走到了终点，不过在数学学习的道路上没有终点。同学们，今天我们学习的乘法竖式看似简单，但是它的形成是经历了漫长的过程的，我们一起去了解一下（课件演示）。

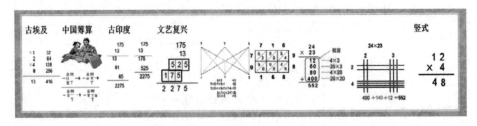

图8

2. 全课总结

师：经历几千年的不断探索，不断改进，终于演变成了今天这样简洁的乘法竖式。这节数学课，你们真了不起！从直观形象的小棒图、表格到创造出这些不同的乘法竖式，更重要的是，在这个过程中，你们不仅学会了乘法竖式的方法，更明白了里面的道理！老师希望在今天的数学课上每个人都有自己的收获！

【课后反思】

什么是推理？《数学课程标准》中说："推理是数学的基本思维方式，也是人学习和生活经常使用的思维方式。推理能力的发展应贯穿于整个数学学习过程中。"可是，在计算课的教学中如何聚焦"推理能力"？在"乘法竖式"这节课上，培养推理能力的落脚点又在哪里呢？我们想做些尝试！

"怎么理解推理呢？说得简单点就是要让孩子在数学学习的过程中讲道理。"在交流中，专家的一席话让我们茅塞顿开。是啊！今天看似简单的乘法竖式，其实是人类数千年智慧的结晶，看似"约定俗成"的"竖式写法"，背后的道理却不简单！引导学生运用已有知识讲道理，论证"乘法竖式写法"的合理性，从而学会乘法竖式，这个过程不就是推理吗？

"乘法竖式"这节课，学生第一次接触乘法竖式，课堂中充分借助小棒这一直观模型，把 12×3 拆分成 2×3 和 10×3，同时把表格嵌入小棒图中，清晰地呈现出两位数乘一位数的乘法竖式的计算过程，沟通表格、抽象竖式、直观小棒图三者之间的内在联系，帮助学生理解每一步的具体含义。整个过程引导学生用原有知识推动新知识的学习，促进迁移类推思想、方法的形成。

孩子们在计算课的学习中，究竟要收获什么？我们认为绝不仅仅是知识的学习，更重要的是经历利用已有经验进行探索的过程！"计算"如何真正变教为学？如何恰到好处地借助几何直观，构建笔算模型，领悟数学思想方法？这些问题都值得我们进一步去思考、探索……

借助分数墙重构"分数的认识"
单元整体教学

九江市双峰小学　涂俊珂

【我们的思考】

借助分数墙，能重构单元教学吗？我们想做一次尝试！整堂课围绕"分数墙有什么作用"这一核心问题，探索分数墙宝贵的价值。孩子们的发现是令人惊喜的！从分数墙上不仅可以数出小于1、等于1的分数，还可以数出大于1的分数，这不就是后面要学习的真分数、假分数的知识吗？利用这面神奇的"墙"，还可以给分数找"替身"，巧妙地蕴含了分数的基本性质；借助分数墙，还能比大小、做计算……这些探究活动，就像一颗颗萌发的种子，凭借分数墙直观的魔力，串联起本单元各小节，乃至六年级相关内容的学习。

【教学目标】

（1）以"分数墙"为载体，串联起"分数的认识"单元知识之间的内在联系；

（2）通过"探究分数墙"的活动，挖掘其中蕴含的数学价值。

【教学重点】

探究"分数墙"的价值。

【教学过程】

（一）直击核心问题，思考"分数墙"的价值

1. 故事引出单元主题图：分数墙

图 1

师：看看这幅图是不是有些眼熟？它像咱们上节课刚认识的分数墙。

（板书课题：分数墙）

2. 从数学的角度追问：分数墙有什么用

师（引导）：请每位同学拿出自己手中的分数墙，看一看，想一想，利用分数墙可以帮我们做什么呢？

3. 围绕核心问题，小组讨论探究

师：和同组的伙伴交流一下，把你们的发现记录在发现卡上吧！

（小组开展探究活动，教师参与到各小组活动中观察、指导，各小组把本组的作品贴到黑板上。）

师：借助分数墙，各小组都有了自己的发现，咱们一起来梳理一下。

（二）体会"数源于数"，感悟数系的扩充

1. 找分数单位，纵向解码"分数墙"

师：有的小组在交流时，发现通过分数墙可以找到分数单位，请小组代表

上来讲一讲吧。

生：在分数墙上，每一块砖都是一个分数单位，有$\frac{1}{2}$，$\frac{1}{3}$，$\frac{1}{4}$，$\frac{1}{5}$，$\frac{1}{6}$…，当分母越来越大的时候，每一块砖就越来越小。

生：分母越大，分的份数就越来越多，分数单位也就越来越小。

师：如果把分数墙继续往下分，你们能发现什么？

生：分数单位就越来越小，越来越小了！

生：可以一直分下去，分母越来越大，分数单位越来越小，永远也分不完！

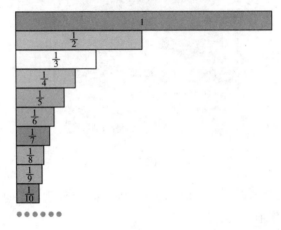

图2

师：你们的感觉太棒了，关于"永远也分不完"，在我国古代《庄子·天下》中有类似的描述：一尺之棰，日取其半，万世不竭。意思是说：一尺长的木棍，每天截一半，永远也截不完。这和你们说的"永远也分不完"是不是很像呢？

2. 数出不同的分数，横向解码"分数墙"

师："分数墙"上除了可以找到分数单位，还能找到其他分数吗？

生：老师，我能找到，比如$\frac{2}{3}$，$\frac{3}{5}$。

师：真的吗？请你上来找出$\frac{2}{3}$。

学生在"分数墙"上圈出$\frac{2}{3}$。

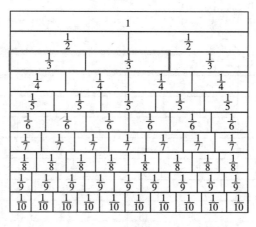

图3

师：怎样确定这就是 $\frac{2}{3}$ 呢？

生：可以数一数，这是 1 个 $\frac{1}{3}$，2 个 $\frac{1}{3}$，就是 $\frac{2}{3}$。

师：数着数着 $\frac{2}{3}$ 就出来了。请你们也在自己的分数墙上数出不一样的分数吧。

生：我数出两个 $\frac{1}{9}$ 就是 $\frac{2}{9}$，数出 4 个 $\frac{1}{9}$ 就是 $\frac{4}{9}$。

生：我数出 3 个 $\frac{1}{6}$，就是 $\frac{3}{6}$。

师：难怪数学家华罗庚爷爷说"数（shù）源于数（shǔ）"，原来分数和自然数一样，也都是数出来的，数着数着分数就出来了！

（课件出示：骄傲的"1"）

你们刚刚找的分数都比我小，你能利用分数墙找到一个分数"打败"我吗？

师：在自己的分数墙上试着找一找吧。

生：我找到了 $\frac{9}{9}$ 等于 1，和 1 打成平手了。

生：一面墙好像不够用呀。

生：我和同桌两人的分数墙拼起来，就能找到打败"1"的分数了，1、2、

3、…、10，10 个 $\frac{1}{9}$ 就是 $\frac{10}{9}$，$\frac{10}{9}$ 比 1 大。

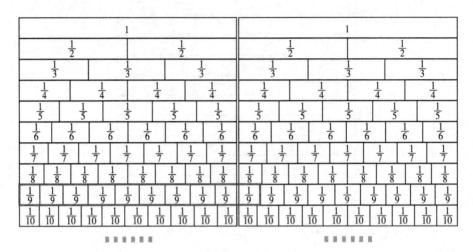

图 4

师：同学们认为这个办法怎么样？分数墙一面不够，可以用两面、三面……来凑，你们也赶紧试试吧！（小组合作拼墙，找等于 1 或大于 1 的分数）

师：你们找到了哪些分数打败了骄傲的"1"？

师（小结）：分数墙真得很神奇，利用它不但能找到比 1 小的分数，还能找到等于 1 或大于 1 的分数。

3. 从面到线，在数线（轴）上找分数

如果把"墙"压缩，变成一条数线（轴），你能数出方框里对应的分数吗？

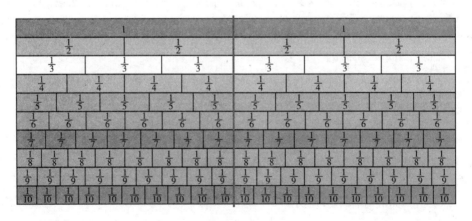

图 5

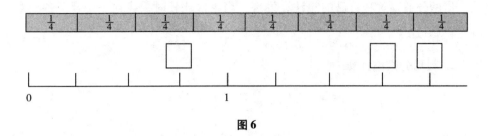

图6

(三) 以形助思，发现分数的"替身"

1. 借助分数墙，寻找与 $\frac{1}{2}$ 相等的分数

师：有的小组发现 $\frac{1}{2} = \frac{2}{4}$，能利用分数墙来验证一下吗？

生：在分数墙上，$\frac{1}{2}$ 的墙砖和 2 个 $\frac{1}{4}$ 一样长。

生：如果把 $\frac{1}{2}$ 拿下来，$\frac{2}{4}$ 补上去正好合适。

师：有意思，$\frac{2}{4}$ 多像 $\frac{1}{2}$ 的替身呀！

生：$\frac{1}{2}$ 还有很多替身，$\frac{2}{4}$，$\frac{3}{6}$，$\frac{4}{8}$ 都和 $\frac{1}{2}$ 相等。

师：如果继续往下分呢？

生：还可以找到更多 $\frac{1}{2}$ 的替身，$\frac{1}{2}$ 的替身永远也找不完。

2. 利用分数墙，找等值分数

尝试利用分数墙，找出几组具有替身关系的分数（等值分数）。

师：大家的发现可真了不起，$\frac{1}{2}$ 的"替身"有无数个，通过分数墙我们发现他们大小都是"相等的"，像这样相等的分数还有吗？

（学生再找一组有替身关系的分数，利用分数墙进行验证）

(四) 利用分数墙比大小、做计算，感受等值分数的奥妙

1. 利用分数墙，帮我们比大小

师：还有的小组说利用分数墙可以帮我们比大小，你会比较哪些分数的大小？试着写一写。

借助分数墙解释自己的想法，发现：当不好比较时，找到一个合适的"替身"，就好比了。

2. 利用分数墙计算 $\frac{1}{4} + \frac{1}{2}$

发现：找到 $\frac{1}{2}$ 的"替身" $\frac{2}{4}$，就能计算了。

质疑：$\frac{1}{2}$ 有无数个"替身"，为什么选择 $\frac{2}{4}$ 呢？

渗透通分的本质：寻找两个分数公共的分数单位。

（五）课堂回顾，反思总结

师：分数墙真的很神奇，利用分数墙其实你们已经学会了很多后面章节的内容，比如：我们发现数源于数，所有的分数都可以数出来，通过分数墙不仅数出了小于 1 的分数，还数出了等于 1 和大于 1 的分数，在数学中把小于 1 的分数叫作真分数，把等于 1 和大于 1 的分数叫作假分数；通过分数墙，我们发现任何一个分数都可以找到无数个替身，这找替身的过程其实正符合分数一条重要性质——分数的基本性质；利用分数墙我们还可以比较分数的大小，其中通过找替身，让两个分数的分数单位变得相同，这个过程就是通分；最了不起的是，我们利用分数墙居然能计算这样的分数加减法，这个知识要到五年级下学期才学呢！（课件同步出现五上、五下教材相关内容的截图。）

师：分数墙真是一道"魔力墙"，在以后的学习中，相信你们还会有更多更精彩的发现！

学习之路　正长正远

——记《古人计数》一课的研讨历程

九江市双峰小学　廖　玫　童晶晶　邵　颖

2020 年 11 月 3 日，双峰小学数学"双峰杯"青年教师赛课如约而至，历时一个多月的磨课我们受益良多。在一次次的试教、打磨的过程中，新入职的徒弟邵老师也逐渐领悟到了课堂艺术的魅力。下面结合《古人计数》这一课，谈谈我们的磨课经历及感悟。

一、研读教材，明确方向

（一）教材分析

本节课选自北师大版一年级数学上册第七单元《加与减（二）》第一课时。内容是建立数位概念的起始课，是在逐一计数的度量基础上，感受度量单位的累加，从而体会产生新的度量计数单位的必要性，积累十进制概念活动经验。

度量单位的形成过程大体可以分为两类：一类是通过抽象得到的，是人思维的结果；另一类是借助工具得到的，是人实践的结果。而《古人计数》主要是通过抽象的数字符号认识 11～20 各数，是人思维的结果，这些自然数的计数法也应属于度量的范畴。

（二）学情分析

人先天就具有感知数量多少的能力，加之现在早教盛行、家长教育意识较强。所以，在生活中我们可以发现，儿童在没有任何数学学习的基础上，已经会感知大小、多少，会自觉地选择多的、大的东西。例如，会选择多的糖果、大的玩具等。

从上述情况分析，本课的教学建立在儿童对 0~10 的认识基础上，10 以内数的认识教学大多是按照实物操作→表象→抽象概念的顺序，有利于儿童掌握数的大小、顺序和意义。本课主要认识 11~20 的数，在孩子一一对应点数计数的基础上，形成以"十"为单位计数的方法，也应该遵循前面的教学方法。

（三）教学目标

（1）认识计数单位"十"，能说出个位、十位上的数字表示的具体意义；

（2）能结合具体情境理解 20 以内数的具体意义，知道 10 个"一"就是 1 个"十"；

（3）用小棒、计数器模型表示 20 以内的数；能借助计数器、小棒模型，利用位值制解释 20 以内数的写法；

（4）感受数的发展历程，体会古人发明十进位值制计数法的价值，感受数学的魅力。

二、收集资料，分析评估

确定课题后，我们便一鼓作气寻找了相关教学资料、教学视频，偶然间搜到了程磊老师的教学视频，内容清晰明了，受到启发，便初步整理形成了第一次教学设计，制作好课件后，进行了第一次教学实践。

【第一次教学设计】

（一）摆一摆，数一数

1. 数一数

草地上有多少只羊？你是怎么知道的？（数出来的）

聪明的小朋友会数数，可是在很久很久以前的古代牧羊人是不会数数的。他怎么知道自己有多少只羊呢？（学生说自己的看法）

课件展示牧羊人的方法。

2. 摆一摆

（1）你能像牧羊人一样用小棒代替石头摆一摆吗？

学生摆一摆并评价提出——对应、小棒和石头一样多。

（2）这里有 10 只羊，如果再来一只是多少只羊呢？（11，认识比 10 多 1 是 11。）

设计意图：通过数一数和摆一摆，回顾一一对应并感受计数单位一的累加。

（二）圈一圈，捆一捆

（1）圈出 10 个"一"：有一天，牧羊人找不到足够多的小石头，就用这样一大一小的两个石头表示 11 只羊，你看懂了吗？

大石头表示多少只羊？圈一圈。

（2）捆出 1 个"十"：你能像古人一样用一大一小的东西表示 11 吗？如果只有小棒，你会怎么表示 11 呢？学生捆出 1 个"十"，用 1 个"十"和 1 个"一"表示 11，10 + 1 = 11。

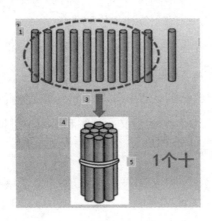

图 1

介绍 1 捆——计数单位"十"（新朋友）；数一数，这里有几个"十"？（老师拿出 3 捆）

你能快速数出有多少根小棒吗？对比 14 个"一"和 1 个"十"、4 个"一"。

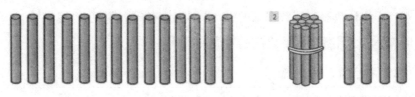

图 2

你会用新朋友"十"和老朋友"一"表示 13、16 吗?

设计意图: 故事继续发展,倒逼学生理解大石头代表 10 只羊,强调大石头表示 10 的整体意义;在圈一圈、捆一捆的活动中调动学生多种感官理解 10 个"一"就是 1 个"十",体会按群计数的意义;用新、老朋友儿童化的语言让学生体会计数单位"一"和"十"的联系;在运用对比中,强化学生对"十"的运用,突出按群计数的简便价值。

(三)拨一拨,说一说

两个一样大小的珠子怎么表示 11 呢?(学生在讲台上把两个珠子左右、上下摆一摆)

都可以表示 11,不同位置上的珠子,一个表示 10,一个表示 1。为了方便,统一固定了个位和十位,介绍个位和十位的意义。

我说你拨,对比两种拨 10 的方法,理解满十进一请拨 5、9、10(对比两种拨法,强调满十进一);请拨 13、19、20。

设计意图: 通过计数器的认识,让学生进一步理解位值制,在拨一拨、说一说的活动中认识 11~20 各数的意义,理解和运用十进位值制的计数法。

(四)写一写,认一认

你会写 10 吗?这不就是 1 和 0 吗?怎么就是 10 了呢?(引导学生借助计数器来解释数的写法)

0 可以不写吗?(引导学生理解 0 的作用)

设计意图: 教师在学生习以为常的 10 的写出之处生疑,引导学生思考 10 的意义,并借助计数器加以解释,加深对位值制的理解。

(五)练一练,理一理

用你喜欢的方式(小棒、计数器、写数)表示 15 和 20。

观察小棒计数器和写数表示的 15 和 20,你有什么发现吗?

明确小棒、计数器和数之间的对应关系。

(六)看一看,说一说

我们跟着古人经历了哪些表示 11 的方法呢?

设计意图: 引导学生梳理古人计数的发展历程,感受古人的智慧,增强对数学的理解和热爱。

三、互动评辩，争鸣碰撞

每次试教之后，都会发现一些问题，比如课堂不够生动有趣、评价学生的语言单一……每次试讲结束后，大师傅廖老师、小师傅童老师以及其他听课老师就会给徒弟邵老师提出建议和解决的办法，比如：

（1）导入环节怎样设计才能使学生体会到数数与生活的联系，感知数数的必要性。

图3

解决方法：呈现一个故事情景，"牧羊人的羊越来越少了，怎么办呢"，从而引入古人计数方法：聪明的牧羊人想出了一个巧妙的办法，就是让羊的数量和石子的数量一一对应，最后只要看有多少石子就知道要赶回多少只羊。

（2）怎样引导学生用"十"去计数？

教师可以提问："怎样摆这些小棒，可以让我们一眼就看出来这里是11根呢？"学生已经有两个两个地数、三个三个地数、十个十个地数的经验，通过摆一摆，可以得出：两个两个地摆、三个三个地摆、十个十个地摆比一根一根地摆看得更清楚。而且摆小棒能让孩子亲身动手体验10个"一"和1个"十"的区别。

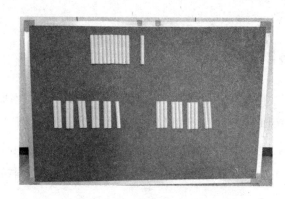

图4

（3）介绍聪明的牧羊人的计数方法：牧羊人用一大一小的两个石头就能表示 11 只羊，你能看懂吗？

让孩子体会用"十"计数的简便性，并提问：你能用两个其他的物品表示 11 吗？让孩子亲身体验用"十"计数。

（4）在计数器上拨 20 时，出现了两种不一样的拨法，两种方法哪种更好？

这两种拨法都表示 20，教学上强调第二种拨法的简便性：通常我们在拨 20 的时候，会把个位上的 10 个"一"换成 1 个"十"，也就是在十位上拨两个珠子。

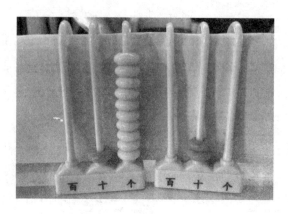

图5

（5）练习环节改成抢答模式，开火车是一年级小朋友最喜欢的游戏之一，加上小组积分的游戏机制，将练习融入游戏中，能够带动全班同学的参与感，促进课堂氛围。练习采取不同内容的形式（小棒、计数器、珠子、小方块）呈现，但本质上都是让学生掌握"十几就是由 1 个'十'和几个'一'组成的"。

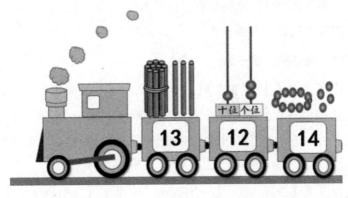

图 6

四、实践改进，推陈出新

经过反复改进、试教，我们有了如下教学设计：

【改进后的教学设计】

（一）过程预设

1. 活动 1：读一读

今天我们要在这里上一节数学课，数学课就离不开数。之前我们已经认识了哪些数？（0、1、2、……、10。）今天我们再来认识 11 ~ 20 的数。

11 ~ 20 中间这个横线都表示哪些数？（12、13、……、19。）看看是不是这些数。快大声地一起来读读这些数吧！

看来同学们对这些数并不陌生。接下来，我有一个和数有关的小故事，想听吗？（播放故事）

故事里的古人就在用小石子记录羊的只数，你们愿不愿意也试试这种方法？咱们没有小石子，可以用什么代替？（小棒）

2. 活动 2：摆一摆，数一数

看！这些羊都关在羊圈里，如果放出一只羊，我们应该摆几根小棒？如果从羊圈里放出两只羊，应该怎么办？

（请一位同学到黑板上来摆，其他同学在下面摆）请同学们拿出小棒，眼睛看着羊，我要开始放羊了。羊放完了，摆好了吗？现在就请这位同学带我们数一数他摆了多少根小棒，也就是有多少只羊？

谢谢你们帮我记录了羊的只数。

3. 活动3：捆一捆，认一认

这么多小棒，要不是小朋友们一根一根地数，老师还真不知道是11根呢，你能把这些小棒重新摆一摆，让老师一眼就能看出来这是11根吗？（两根两根地摆，三根三根地摆，十根十根地摆。）哪一种摆法数起来更快？（十根十根地摆）。

好，老师也用这种方法摆一摆。仔细看，老师圈了几根小棒？这10根小棒我们可以一根一根地数，1个"一"、2个"一"，……我们一根一根地数，这就是10个"一"（板书10个"一"）。我们也可以把这10根小棒捆成一捆，看成是一个整体，这就是1个"十"。一捆就是1个"十"（板书1个"十"）。

其实，你们的学具里也有这样的一捆，这一捆就是1个"十"。

10个"一"是十，1个"十"也是十。所以，10个"一"就是1个"十"（板书10个一就是1个"十"）。

这是1个"十"，这是1个"一"，1个"十"和1个"一"合起来就是？（板书1个"十"，1个"一"是11）所以10＋1等于？（板书）有了这种方法，我们是不是就能很快地知道一共有多少根小棒了。没错！开动脑筋就能想出好办法。

有一天，牧羊人找不到那么多的小石头，怎么办呢？他开动脑筋想到了一个办法，用这样一大一小的两个石头就能表示11只羊，你知道大石头表示什么吗？小石头表示什么吗？（大石头表示10只羊，小石头表示1只羊。）

没错！牧羊人就是用一块大石头表示1个"十"，一块小石头表示1个"一"的。聪明的你能像牧羊人一样，也用两个其他的物品表示11吗？

你们想不想知道数学家是怎么做的？数学家的办法就是将两个大小一样的珠子放在不同的位置上，一个表示1个"十"，一个表示1个"一"。为了区别不同的含义，统一规定了它们的位置。从右边起第一位是个位，第二位是十位。个位和十位是数学王国中非常重要的新朋友，告诉你们一个秘密，你们的计数器里也有这两位新朋友。来，拿出你们的计数器，赶紧找一找、指一指吧。（贴计数器）谁愿意上来，帮这两位新朋友在计数器上找到它们的位置？让我们一起大声地喊出它们的名字，从右边起第一位是？第二位是？

十位上的一个珠子就表示 1 个"十"，就在十位上写 1，个位上的一个珠子就表示 1 个"一"，就在个位上写 1。看这个数 11，它有两个"1"，这两个"1"的意思一样吗？怎么不一样呢？怎么它能表示 1 个"十"，它就只能表示 1 个"一"呢？原来不是数字神奇，而是数字所在的位置不同，看来数位非常重要。

4. 活动 4：做一做，说一说

刚才我们用小棒和计数器都能表示 11，下面我们玩一个"我说你做"的游戏。

你能用自己喜欢的学具表示出 19 吗？请小朋友们动手摆一摆、拨一拨，开始吧！（学生动手操作）。我们一起看看××同学的作品。你来介绍一下，你是怎么摆/拨的？

这里的一捆和计数器十位上的一个珠子都表示 1 个"十"，这里的 9 根和个位上的 9 个珠子都表示 9 个"一"。所以，1 个"十"，9 个"一"，是 19。所以，10 + 9 等于？

19 再加 1 是几？你也能用你的学具表示出来吗？快动手试一试吧！（学生动手操作）我们一起看看这几位同学的作品。这两位同学的拨法不一样哦，谁看懂了呢？你们更喜欢哪一种？为什么？同学们注意了，在拨 20 的时候，我们通常会把个位上的 10 个"一"换成 1 个"十"。

（二）课堂练习

（1）请同学们看大屏幕，我们要抢答啦！

老师开来了一辆小火车，小火车开开开，这是几？几个"十"、几个"一"，是 13？……你们真是火眼金睛！

小结：回顾一下我们刚才说的这四个数，无论是摆小棒，拨计数器，穿珠子，还是搭积木，它们都是由 1 个"十"和几个"一"组成的，所以 1 个"十"，几个"一"就是十几。

（2）接下来请看，老师的小火车又给你们带来了两道题。

我们应该圈几个？怎样圈就能很快地看出来这是几。快赶紧圈一圈、写一写吧。你们做对了吗？和他一样的同学向我点点头。

（3）想一想，拨一拨。

刚才我们用两个珠子在不同的数位上表示出了11和20，你也能用两个珠子表示出其他的数吗？动手拨一拨吧。两个珠子一会表示11，一会表示20，还能表示200，这珠子这么神奇呀，为什么会这样呀？（因为数位不同，所以拨出的数也不同）。

（三）课堂小结

今天我们这节课是从古人计数说起的（展示课题），同学们表现得真棒！除了用石子计数，古人还有哪些其他的计数方法呢？让我们一起来看个小视频，了解一下吧。（播放视频）我们的古人是不是非常有智慧呢？其实这个故事还没有结束，聪明的人们还创造出了更简便的计数方法。小朋友们，只要你善于观察、积极思考，相信不久的将来，你们会有更好的发现。

一个好的教学设计、一堂精彩的公开课少不了整个团队的呕心沥血和精益求精。文章不厌百回改，好课不厌百回磨。磨课的"酸爽"令人回味无穷，但又满怀希望，前辈的指点、朋友的协助，也令我们充满了顿悟的喜悦、不尽的感恩……

找 质 数

九江市双峰小学   汪浩浩

【教学内容】

北师大版小学数学五年级上册第三单元第 39 页、第 40 页。

【教学目标】

（1）在用小正方形拼长方形的活动中，经历寻找质数与合数的过程，理解质数与合数的意义。

（2）能正确判断一个数是质数还是合数。

（3）在研究质数的过程中，丰富对数学发展的认识，感受数学文化的魅力。

【教学重点】

建立质数与合数的概念。

【教学难点】

能正确判断一个数是质数还是合数。

【教学准备】

每个学生准备 12 个相同的小正方形。

【教学过程】

（一）创设情境，激发兴趣

师：苗苗家搬进新房子，妈妈要给三个长方形的镜框分别配上玻璃，苗苗高兴地去玻璃店里配镜子。来到店里，苗苗告诉师傅："我要配三块长方形的玻璃，它们的面积分别是 5 平方分米、10 平方分米、12 平方分米，长和宽用分米作单位取整数。"叔叔听完后说："按照你的要求和提供的数据信息，我只能配一个，其他的两个我可决定不了。"同学们猜猜，配好的究竟是哪块玻璃呢？

师：同学们的猜想可能不尽相同，先不急着下结论，请同学们发挥自己的想象能力，5 平方分米的镜框长什么样子？请画一画图。

（二）自主探究，学习新知

1. 释疑：长方形的规格有不同

师：面积是 5 平方分米的镜框长 5 分米、宽 1 分米。那 10 平方分米的镜框长和宽又分别是多少？12 平方分米的镜框呢？请同学们也认真地画一画。

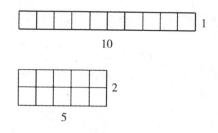

图 1

师：同学们都完成了吗？我们一起来听汇报。

生：面积是 10 平方分米的长方形框架，它的形状有两种：第一种长 10 分米、宽 1 分米；第二种长 5 分米，宽是 2 分米。

师：面积是 12 平方米的呢？

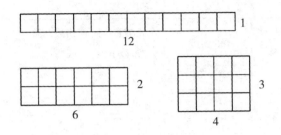

图 2

生：面积是 12 平方分米的长方形框架，它的形状有三种：第一种长 12 分米、宽 1 分米；第二种长 6 分米，宽是 2 分米；第三种长是 4 分米，宽是 3 分米。

师：根据面积想象图形，因为 10 平方分米、12 平方分米的镜框都有两种或两种以上规格的长方形，所以裁玻璃的师傅不好确定是哪一种；而 5 平方分米的镜框只有一种规格，怪不得裁玻璃的师傅可以直接确认。

2. 思考：长方形的规格为什么有不同

师：同样是长方形的面积，为什么有的面积只有一种规格，有的面积却有多种规格？你们猜猜和什么有关？

生：可能与一个数的大小有关；可能与一个数是不是奇数、偶数有关；可能与一个数的因数有关。

师：有了猜想，验证就成为关键。请同学们拿出课前准备的小正方形，依次用 2 个、3 个、4 个、……12 个小正方形分别去拼一拼长方形，并完成表 1。

表 1

小正方形 个数（n）	能拼成几种 长方形	n 的因数	小正方形 个数（n）	能拼成几种 长方形	n 的因数
2			8		
3			9		
4			10		
5			11		
6			12		
7					

表2

小正方形个数（n）	能拼成几种长方形	n 的因数	小正方形个数（n）	能拼成几种长方形	n 的因数
2	1	1, 2	8	2	1, 2, 4, 8
3	1	1, 3	9	2	1, 3, 9
4	2	1, 2, 4	10	2	1, 2, 5, 10
5	1	1, 5	11	1	1, 11
6	2	1, 2, 3, 6	12	3	1, 2, 3, 4, 6, 12
7	1	1, 7			

师：仔细观察填写好的表格（表2），你们有什么发现？

生：我发现用小正方形拼长方形，有时候只能拼成一种长方形，有时候拼成长方形有两种或多种形状。

生：我发现有的数的因数只有两个，比如2、3、5、7、11 等。有的数的因数不止两个。

生：并不是数据越大，长方形的规格就越多。表格中7比6大，7只有一种规格，而6却有两种规格，可以验证出"规格越多和数的大小没有直接关系"。

师：也不是偶数就使得长方形的规格增多、奇数导致长方形的规格变少。表格中8是偶数，9是奇数，都能摆两种规格；2是偶数，3是质数，都只能摆1种规格；可以验证出"长方形的规格和奇数、偶数也没有直接关系"。

师：现在同学们应该明白长方形的规格与什么有关了吧？

生：与一个数的因数有关。

师：从一种规格到多种规格到底和因数的什么有关系？

生：与因数的个数有关。如果这个数的因数只有1和它本身，只能拼一种规格，如2、3、5、7、11。如果一个数除了1和他本身以外，还有其他的因数，与之相对应的就是规格不止一种。比如10的因数，除了1和10以外，还有2和5，它能拼成两种规格。

3. 分类：按因数的个数揭示质数与合数

师：根据同学们的理解，现在大家能根据因数的个数将表中的数分一分类吗？

生：因数只有 1 和它本身的为一类，如 2、3、5、7、11；另一类是因数除了 1 和它本身以外，还有别的因数，如 4、6、8、9、10、12。

师：其实同学们的分类和数学家一样，数学上把"只有 1 和它本身两个因数"的分为一类，如果一个数只有 1 和它本身两个因数，这个数叫作质数。

师：如果一个数除了 1 和它本身以外还有别的因数，数学上把这些数叫作合数。

师：现在同学们知道判断一个数是质数，还是合数，关键是看什么呢？

生：看这个数的因数的个数：一个数只有两个因数，这个数就是质数；一个数至少有 3 个因数（除 1 和它本身之外还有别的因数），这个数就是合数。

师：请同学们思考一下：1 是质数，还是合数？

生：1 的因数只有 1 本身，它只有 1 个因数，既不符合质数的要求，又不符合合数的要求，所以说"1 既不是质数，也不是合数"。

师：非零自然数按照因数的个数可以分为三类，质数为一类、合数为一类、1 单独为一类。

师：同学们看看下面的长方形，它所用的小正方形的个数目前不能确定，你们认为代表这个长方形所用小正方形个数的数是质数，还是合数？

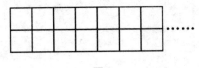

图 3

生：虽然不能确定小正方形的个数，但从图 3 中可以看出来，这个数的因数除了有 1 和它本身以外，一定还有一个 2，这也就是说这个数至少有 3 个因数，所以肯定是一个合数。

师：下面的长方形，你们认为代表这个长方形所用小正方形个数的数是质数，还是合数？

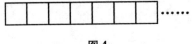

图 4

生：结合图 4 来看，这个数的因数除了有 1 和它本身以外，有没有第 3 个或更多的因数，不好下结论。再说无论是质数，还是合数，都有 1 和它本身这两个因数，从目前的信息来说，这个数可能是质数，也可能是合数。如果小正方形的个数是 17 个，17 就是一个质数；如果小正方形的个数是 18 个，18 就是一个合数。

（三）巩固练习，内化应用

（1）完成课本第 40 页中第 1 题、第 3 题；

（2）练习讲评。

（四）全课小结，扩展提升

师：这节课就快要接近尾声啦，同学们还记得师傅配玻璃的秘诀吗？能直接配玻璃的数是什么数呢？是质数，原来裁玻璃的师傅在找质数。（板书课题：找质数）今天这节课你们有什么收获？

生：我们知道了什么是质数、什么是合数，以及质数在生活中的应用。

师：同学们也要学会找质数，那质数的价值还有哪些呢，我们来看一段小介绍。

图 5

师：看来质数神通广大，请同学们课后继续去探索有关质数的奥秘！

经历"深度"猜想　实现自主探究

——《倒数》教学设计

九江市双峰小学　罗卫宏

【教学内容】

义务教育教科书北师大版小学数学五年级下册 P31—32。

【教学目标】

（1）经历倒数的发现过程，多角度理解倒数的意义；会求一个数（0 除外）的倒数，并能解决有关的问题。

（2）让学生主动参与猜测、观察、分析、比较、探究、交流等思维活动，培养学生的问题意识和抽象概括能力、迁移类推能力。

培养学生良好的合作意识和乐于与人分享的情感，通过积极的互动，让学生体验成功的喜悦。

【教学重点】

理解"倒数"的意义，掌握求一个数（0 除外）的倒数的方法。

【教学难点】

熟练求出一个数的倒数。

【教学准备】

多媒体课件。

【课前思考】

本节课是在学习了分数乘分数的基础上进行教学的，倒数是涉及两数关系的一个重要数学概念。概念教学，容易让学生感到枯燥、乏味。创设学生感兴趣的情境，让他们乐于参与、主动建构，这是设计教学时首先应该考虑的问题。在倒数的学习过程中，学生容易将注意力停留在"分子分母颠倒位置"的表象上，而忽略对"两个数乘积为1"的本质属性的关注。

【教学过程】

（一）创设情境，激发兴趣

师：数学王国的一些数宝宝在玩耍时，不小心靠近了一间被魔法师施过魔法的小屋，奇怪的事情发生了。瞧，数宝宝都被小屋的魔力吸了进去，被放出来时，却变成了另一个数。（课件展示吸进前和放出来后的数：吸进前 $\frac{2}{3}$，$\frac{6}{5}$，$\frac{7}{9}$，7，$\frac{1}{10}$，0.5；出来后 $\frac{3}{2}$，$\frac{5}{6}$，$\frac{9}{7}$，$\frac{1}{7}$，10，2）

设计意图： 本环节的情境创设，既可激发学生的学习兴趣，又为倒数意义的教学做好铺垫。

（二）猜想验证，探究新知

1. 引导发现，建立概念

（1）师：仔细观察每组进出魔法小屋的两个数，你能破解魔法小屋的秘密吗？

$$\left(\frac{2}{3}, \frac{3}{2}\right)\left(\frac{6}{5}, \frac{5}{6}\right)\left(\frac{7}{9}, \frac{9}{7}\right)\left(7, \frac{1}{7}\right)\left(\frac{1}{10}, 10\right) (0.5, 2)$$

生：它们的乘积都为1。

师：你还能说一组乘积为1的两个数吗？

生1：5 和 0.2。

生2：$\frac{4}{5}$ 和 $\frac{5}{4}$。

生3：$\frac{1}{6}$ 和 6。

……

（根据回答板书一组分数，如：$\frac{4}{5}$ 和 $\frac{5}{4}$）

（2）师：像这样，乘积为1的两个数可以说它们互为倒数（板书：乘积为1的两个数互为倒数）

师：这节课我们就一起来共同研究倒数。（板书课题：倒数）

师：因为 $\frac{4}{5}$ 和 $\frac{5}{4}$ 乘积为1，所以 $\frac{4}{5}$ 和 $\frac{5}{4}$ 互为倒数，也可以说 $\frac{4}{5}$ 的倒数是 $\frac{5}{4}$ 或 $\frac{5}{4}$ 的倒数是 $\frac{4}{5}$。（板书：$\frac{4}{5}$ 和 $\frac{5}{4}$ 互为倒数，$\frac{4}{5}$ 的倒数是 $\frac{5}{4}$，$\frac{5}{4}$ 的倒数是 $\frac{4}{5}$）

（3）师：你能从刚才进出魔法小屋的数中任选一组，像黑板上这样说一说吗？

生1：0.5 和 2 互为倒数，0.5 的分数是 2，2 的倒数是 0.5。

生2：$\frac{2}{3}$ 和 $\frac{3}{2}$ 互为倒数，$\frac{2}{3}$ 的倒数是 $\frac{3}{2}$，$\frac{3}{2}$ 的倒数是 $\frac{2}{3}$。

……

2. 剖析"倒数的意义"

（1）师：乘积为1的两个数互为倒数，你认为这句话中哪些词很重要？

生1：我认为是"乘积为1"。

生2：我认为是"两个数"。

生3：我认为是"互为"。

设计意图：学生通过剖析概念，感悟"乘积为1""两个数""互为"这三个词的重要性，理解"倒数的意义"，学会数学思考。

（2）师：明晰了倒数的意义，你能快速完成下列判断题吗？

① 因为 $\frac{1}{5} + \frac{4}{5} = 1$，所以 $\frac{1}{5}$ 和 $\frac{4}{5}$ 互为倒数。（   ）

② 因为 $\frac{5}{7} \times \frac{7}{5} = 1$，所以 $\frac{5}{7}$ 是倒数，$\frac{7}{5}$ 也是倒数。（　　）

③ 因为 $6 \times \frac{1}{2} \times \frac{1}{3} = 1$，所以 6、$\frac{1}{2}$ 和 $\frac{1}{3}$ 这三个数互为倒数。（　　）

④ 0.25 和 4 互为倒数。（　　）

生 1：第①题是错的，因为 $\frac{1}{5}$ 和 $\frac{4}{5}$ 只是和为 1，但积不为 1，它们不是互为倒数。

生 2：第②题说法不正确，因为倒数不是一个数，而是两个数之间的相互关系，不能单独说某一个数是倒数，可以改成 $\frac{5}{7}$ 是 $\frac{7}{5}$ 的倒数，$\frac{7}{5}$ 是 $\frac{5}{7}$ 的倒数。

生 3：第③题也是错的，因为倒数是指乘积为 1 的两个数之间的关系，不能说三个数互为倒数。

生 4：第④题是正确的，因为 0.25 与 4 的乘积为 1，它们互为倒数。

（3）师：下列数中，你能快速判断哪两个数互为倒数吗？把互为倒数的两个数连起来。

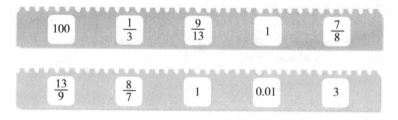

图 1

设计意图：通过"连一连"，侧重运用倒数的相关知识直接判断，巩固对倒数意义的理解。

3. 猜想验证，探索倒数求法

师：瞧，在魔法小屋的四周还有一支魔法护卫队呢，它们都是一些面积为 1 的长方形。

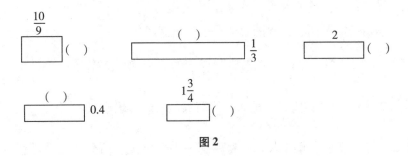

图 2

（1）师：从"长方形的面积为 1"这个条件，你读懂了什么？

生 1：长方形的面积为 1，说明长与宽的乘积是 1，则长与宽互为倒数。

生 2：已知长方形的一组边，求另一组边，实际上就是已知一组边的倒数。

师：每幅图给出了一组边，能求出另一组边吗？第一幅图，谁来？

生 1：因为 $\frac{10}{9} \times \frac{9}{10} = 1$，所以这幅图的宽是 $\frac{9}{10}$。

生 2：通过这个结果，我知道了 $\frac{10}{9}$ 的倒数是 $\frac{9}{10}$。

生 3：我还发现 $\frac{10}{9}$ 的倒数 $\frac{9}{10}$ 刚好是把 $\frac{10}{9}$ 的分子与分母交换位置了。

师：是个很了不起的发现，记录下来。（板书：分子与分母交换位置）

（2）师：第二幅图，请先求出结果，再验证刚才的发现是否也成立。

生：这个长方形的长是 3，所以 $\frac{1}{3}$ 的倒数是 3，刚才的发现成立。

师：能具体说说你是如何验证的吗？

生：我是把 $\frac{1}{3}$ 的分子与分母交换位置，得到 $\frac{3}{1}$，也就是 3，3 与 $\frac{1}{3}$ 互为倒数，所以刚才的发现成立。

师：能再用第三幅图的数据试试吗？

生：这个长方形的宽是 $\frac{1}{2}$，2 的倒数是 $\frac{1}{2}$。我是这样验证的：2 没有分子、分母，我把它先改写成 $\frac{2}{1}$，再交换它的分子与分母的位置得到 $\frac{1}{2}$，刚才的发现也成立。

（3）师：请结合刚才验证发现的过程，猜想一下：如何求一个数的倒数？

生：只要把这个数的分子与分母互换位置。

师：你用借助第四、五幅图验证自己的猜想吗？

生1：第四幅图，我把 0.4 先改写成 $\frac{2}{5}$，再交换它的分子、分母位置得到 $\frac{5}{2}$，因为 $0.4 \times \frac{5}{2} = 1$，所以 $\frac{5}{2}$ 是 0.4 的倒数，因此猜想成立。

生2：第五幅图，可以把 $1\frac{3}{4}$ 改写成 $\frac{7}{4}$，再交换它的分子、分母位置得到 $\frac{4}{7}$，因为 $1\frac{3}{4} \times \frac{4}{7} = 1$，所以 $\frac{4}{7}$ 是 $1\frac{3}{4}$ 的倒数，因此猜想成立。

（4）师：通过以上猜想与验证过程，你现在知道了如何求一个数的倒数吗？

生：求一个数的倒数，只要把它的分子与分母交换位置。如果这个数不是分数，就先改写成分数形式，再交换。（根据回答，补充板书：求一个数的倒数，只要把它的分子与分母交换位置）

设计意图： 借助几何直观，让学生经历猜想、验证的过程，理解求一个数（0 除外）的倒数的方法。

（5）师：这个是护卫队的小队长，它的倒数是多少？（出示图 3）

图 3

生：1 的倒数是它本身。我猜正是因为这项特殊的本领，所以 1 才成功地当上了护卫队的小队长。

师：真是个善于联想的孩子！（根据回答，板书：1 的倒数是它本身）

（6）师：还记得开始的那个魔法小屋吗？小屋会把周围的数宝宝吸进去，变成它的倒数后再放出来，可 0 在小屋的周围自由地活动，却为什么没有被吸进去呢？（课件动态演示）

生：我猜是因为 0 没有倒数，所以它不会被吸进去。

师：为什么 0 没有倒数？

生：因为 0 与任何数相乘都得 0，不可能是 1，所以 0 没有倒数。

师：根据倒数的意义推断出了 0 没有倒数。（板书：0 没有倒数）

（7）师：那对于要求倒数的这个数可以是任何数吗？

生：不可以，必须不能是 0。

师：所以求一个数的倒数的方法，要加上……

生：0 除外。

（补充板书：求一个数（0 除外）的倒数只要把它的分子与分母交换位置。）

师：真是善于思考的孩子！奖励大家玩个冲关游戏。

（三）游戏巩固，深化感知

1. 第一关："倒"海拾贝（从方框内选出下列各数的倒数）

$$4 \qquad \frac{3}{11} \qquad 1 \qquad 5\frac{2}{3} \qquad 0 \qquad 0.8 \qquad \frac{1}{100}$$

$$1 \qquad 0.01 \qquad 5\frac{3}{2} \qquad \frac{1}{4} \qquad \frac{5}{4} \qquad 0 \qquad \frac{3}{17} \qquad \frac{11}{3} \qquad 100$$

图 4

2. 第二关：始终如一（填一填）

$$\frac{3}{10} \times \frac{(\quad)}{(\quad)} = 1 \qquad 7 \times \frac{(\quad)}{(\quad)} = 1 \qquad 0.9 \times (\quad) = 1$$

$$1 \times \frac{(\quad)}{(\quad)} = 1 \qquad \frac{(\quad)}{(\quad)} \times \frac{(\quad)}{(\quad)} = 1$$

3. 第三关：奋笔疾书（直接写出得数）

$$\frac{2}{3}x = 1 \qquad 4x = 1 \qquad \frac{5}{7}x = 1 \qquad 1 + x = 1$$

4. 第四关：千变万化

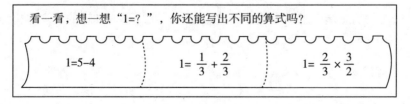

看一看，想一想"1=？"，你还能写出不同的算式吗？

$$1 = 5 - 4 \qquad 1 = \frac{1}{3} + \frac{2}{3} \qquad 1 = \frac{2}{3} \times \frac{3}{2}$$

图 5

师：这些算式中的两个数都互为倒数吗？说明怎样的两个数才互为倒数？

生：不是所有算式上的两个数都互为倒数，说明只有乘积是 1 的两个数才互为倒数。

设计意图：这道开放题既拓展学生的思维，又再次加深学生对倒数意义的理解。

（四）回顾总结

师：通过这节课的学习，你有什么收获想跟大家分享？

【课后反思】

（一）创设情境，激发兴趣

有效的数学课堂，能让学生对知识的学习充满期待。"破解魔法小屋的秘密"一下子点燃了学生参与数学活动的热情，同时通过仔细观察每组进出魔法小屋的两个数，学生在积极思考中产生了思维的碰撞，不知不觉中将关注的焦点集中到了倒数概念的本质属性——两个数乘积为 1 上。

（二）去伪存真，把握概念的本质内涵

通过观察、举例、仿说、剖析等方式，学生对倒数概念的理解进行了拓展、归纳，去伪存真，加深了对倒数概念本质内涵的理解和把握。接着，通过对四个判断题的辨析，再一次加深对倒数意义的理解。

（三）经历"深度"猜想，实现自主探究

让学生掌握"求一个数（0 除外）的倒数的方法"是本课的重点，也是难点。教学时，教师对教材进行大胆的创设和重组，让学生借助几个已知一组边分别为假分数、真分数、整数、小数和带分数且面积为 1 的长方形面积模型，不断地将"猜想"进行深化和拓展，并通过自主探究进一步验证自己的"猜想"，从而归纳总结出求一个数的倒数的方法，实现了对知识的自主建构。

拔 萝 卜

——"两位数加两位数"教学设计

九江市双峰小学　涂俊珂　曾娅芹

【课前思考】

两位数加两位数的笔算加法是北师大版小学数学一年级下学期的重点内容，也是一个难点，它是在学习了两位数加减整十数，两位数加减一位数的基础上进行教学的，是"笔算教学"的一节起始课。

爱因斯坦说："兴趣是最好的老师。"发展与教育心理学的研究表明：兴趣是一种带有情感色彩的认识倾向。它以认识和探索某种事物的需要为基础，是推动人去认识事物，探求真理的一种重要动机，是学生学习中最活跃的因素。因此，这节课摒弃了传统教学的手段，通过创设游戏性、操作性情境，采用直观教具、投影仪等生动形象的教学手段，使静态的数学知识动态化，有效构建两位数加两位数的笔算模型，引领学生亲身经历两位数加两位数笔算模型的产生、形成、应用和发展的过程。通过多样化的练习形式，恰当地处理好"学具操作——几何直观"和"算法直观——算法抽象"之间的关系。

【学习目标】

（1）让学生在具体的情境中，进一步体会加减法的意义，感受数的加减法计算与生活的联系；

（2）探索并掌握两位数加减两位数（不进位、不退位）的计算方法，并能正确计算；

（3）初步经历在具体的情境中提出问题和解决问题的过程，发展解决简单实际问题的意识；

（4）培养合作探究、交流的意识。

【教学过程】

（一）创设情境，复习旧知识

（1）师：小朋友们，你们玩过消消乐的小游戏吗？相同图标对齐，就会消失赢取积分（课件演示游戏）。今天的数学课，我们来做一个对齐摆的游戏，怎么样？

图1

（游戏图隐去，显示格子图。）

谁能快速告诉老师图中小棒的根数。接下来游戏规则是：看算式，在下面合适的格子中摆小棒。（课件闪烁下面的两个格子）

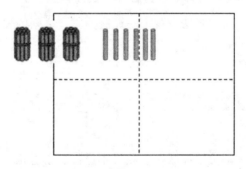

图2

算式：36 + 2   36 + 20

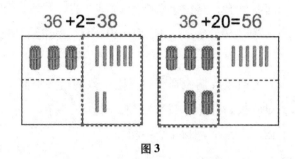

图 3

（2）质疑：为什么刚才摆小棒的时候一会儿摆右边、一会儿摆左边呢？

预设回答：整捆和整捆对齐，几根和几根对齐。

师：为什么要对齐呢？因为几个十要和几个十相加，几个一要和几个一相加。所以 36 + 2 我们先算 6 + 2 = 8，结果就是 38，36 + 20 先算 30 + 20 = 50，结果是 56。

师：瞧，这两道题是我们已经学习的两位数加整十数、两位数加一位数，这节课我们要学什么样的加法呢？一起到小兔的萝卜地里去看看吧。

（二）提出问题，解决问题，探究算法

1. 引出问题

（播放拔萝卜儿歌）

师：小兔子们正在拔萝卜呢！看看它们的劳动成果吧！

（定格情境图，播放两条数学信息的录音。）

师：根据这两条信息，你能提出一个用加法解决的数学问题吗？

课件：一共拔了多少个萝卜？

师：怎么列式？（36 + 23 = ）

师：老师把你们的算式记录下来（板书：36），问：36 是一个两位数，23 也是一个两位数，那我们今天学习的是什么加法？对了，咱们今天就要学习两位数加两位数的加法。（板书课题：两位数加两位数）

2. 思考

36 + 23 应该怎么计算呢？请大家想一想，然后把自己的计算过程在纸上写一写。

师：写好的小朋友可以用小棒或计数器验证自己的计算方法。

学生活动：一起看一看，这位小朋友是这样算的，我们一起轻声读一遍他的计算过程吧，20 + 30 = 50，6 + 3 = 9，50 + 9 = 59，谁能上来摆小棒，边摆、边说。

师：刚才摆小棒的时候我们做到了对齐摆，整捆对齐整捆，单根对齐单根，在计数器上做到了对齐拨，几个十拨在十位，几个一拨在个位，这些都是为了让几个十和几个十相加，几个一和几个一相加。

（三）引出竖式，练习竖式

1. 想一想

两个加数怎样写，就能让几个十和几个十对齐，几个一和几个一对齐呢？课件出示两个加数 36 和 23。

师：我们让数字宝宝们转起来，转到了合适的位置，你们就大声喊停，好吗？

（课件演示：36，23 在屏幕上动起来，在对齐的时候停。）

3　6

2　3

师：这样写就能让几个十对齐几个十，几个一对齐几个一吗？谁来讲讲，为什么？

2. 教师引导

$$
\begin{array}{r}
十\ 个 \\
位\ 位 \\
3\ 6 \\
+\ 2\ 3 \\
\hline
\end{array}
$$

图 4

3 在什么位？课件：3 闪烁，再显示：十位，表示 3 个十；2 在什么位（板书：十位），表示 2 个十。十位对齐十位，就能保证几个十和几个十相加了。6 和 3 都在个位（课件：6 和 3 同时闪烁，再显示：个位），分别表示 6 个一、3 个一，个位对齐个位（板书：个位），就能保证几个一和几个一相加了。

3. 对比

这种写法，两个加数的位置与横式有什么不同？

师：像这样竖着对齐排列的算式叫——竖式，谁听清了，叫什么？

4. 再对比

这个竖式它还不够完整，观察一下，把竖式与横式对比，你觉得还缺了什么？

师：在加法竖式中，加号写在第二个加数的左边（板书加号）。竖式中的等号在哪儿呢？它变成了一条直直的横线，画在加数的下面。这个竖式我们要从上往下读，读作：36 + 23 = 59，谁能上来把加法竖式的和写出来？

5. 评价

写和时也要做到十位对齐十位，个位对齐个位。

师：告诉你们一个秘密，用竖式计算加法时，要从个位加起，这是为什么呢？我们把这个问题存入问题银行，随着后面的学习，你就会明白的。

图5

师：刚才我们一起努力算出了 36 + 23 = 59，瞧，同学们用竖式计算的时候不能忘记把结果写上去哦，跟着老师一起说：算出来，等上去。所以，小兔一共拔了 59 个萝卜（在黑板上的横式后面写上单位），一起口答一遍：一共拔了 59 个萝卜。

6. 练习

（1）师：瞧，今天我们又学习了一个新本领，用竖式计算两位数加两位数的加法。你们都学会了吗？那就请你们来做小指挥吧！

（课件出示 40 + 49，写出第一个加数 40）

同学们，你们想想竖式上的第二个加数49，应该写在哪儿呢？瞧，第二个加数已经在小卡车上准备好啦，你们想一想这个小卡车开到哪儿停下来合适？这样，用你们的声音来开动它，你们觉得它该在哪儿停，你们就大声喊停，好不好？

$$40+49=$$

图6

师：（数位没对齐）那咱们得让小卡车怎么样？继续开起来。

师：这次能停了吗？

$$40+49=$$

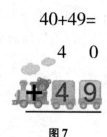

图7

师：现在是不是可以计算呢？我们先算什么？（先算个位0+9等于9，再算4+4等于8）结果是？89！

师：算得真不错！还能继续挑战一题吗？

（课件出示4+51）

师：竖式上的第一个加数4已经写好了，51也开始坐上小卡车出发了，这次又该停在哪儿呢？

$$4+51=$$

图8

（小卡车从左边开出来，一下子就开过了，开到了最右边。4 和 5 对齐）

师：为什么 4 和 1 是要对齐的？那 4 它有十位吗？（十位上是 0，0 应该要和 51 十位上的 5 对齐）

图 9

所以，这道题我们怎么计算？谁来说说先算什么，再算什么？（先算个位相加，再算十位相加）结果是 55。

师：学到这儿，你有什么温馨提示想对大家说吗？（板贴：相同数位对齐）

（2）师：想不想自己试一试用竖式来计算？那就让我们一显身手吧！翻开数学书第 56 页，找到第 3 题，请用竖式计算这三道题目。

| 37+12= | 5+63= | 72+27= |

图 10

（在黑板上反馈，观察今天学习的两位数加两位数，无论个位还是十位，相加都没有满十，补充课题：不进位。）

（四）课堂回顾

小朋友们，让我们开动记忆的小火车，一起来回顾一下这节课的学习活动吧。这节课，我们通过摆小棒、拨计数器、口算、列竖式等方法学习了两位数加两位数的不进位加法。竖式计算加法时，要注意相同数位要对齐，这样才能保证几个十和几个十相加，几个一和几个一相加。

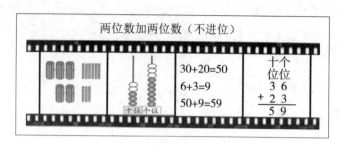

图 11

（五）练习巩固，拓展提高

1. 琴键上的数学

（播放猫和老鼠动画视频）

师：多有趣呀，汤姆和杰瑞在黑、白琴键上玩起了猫捉老鼠的游戏。笑声过后要有思考（课件显示：琴键上的数学），钢琴上一共有多少个键呢？要解决这个问题，必须知道什么信息？

课件：36 个白键　　52 个黑键

师：谁会列式？（36 + 52 = ）

汤姆和杰瑞要考考你们了，瞧，他们写出了三个竖式，但只有一个是正确的，你能找到吗？

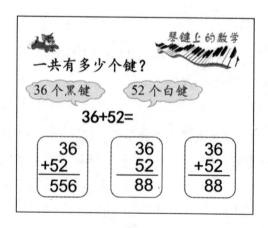

图 12

师：别忘了，算出来等上去，我们把横式补充完整，课件：36 + 52 = 88
（个），一起口答一遍吧。

2. 数学超市

师：原来钢琴上一共有——88 个琴键呢！下面，让我们在好听的钢琴声中
去逛一逛数学超市吧！

师：数学超市里有三道不同难度系数的题目，大家可以任选题目，任选方
法（可以摆小棒、拨计数器、口算、列竖式等），挑战不同难度的题目，开
始吧。

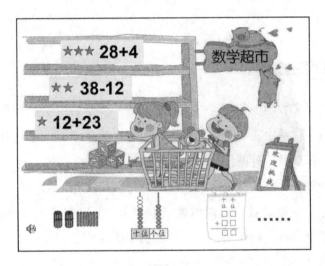

图13

起始知识应起于经验，长于未来

——以《分一分（一）》为例

九江市双峰小学　涂俊珂　曹　洋

【我们的思考】

本节课是分数教学的起始课，也是今后进一步学习分数知识的基础，在整个小学数学教学体系中占有重要地位。本课是在学生掌握"平均分"的概念和对除法意义认识以及对称图形相关知识的基础上展开学习的。

教材是创设了2个人分2个苹果到2个人分1个苹果的情景，2个苹果2个人分，每人分得的苹果数量可以用数字1表示，但是到了1个苹果2个人分，每人能分得苹果的数量如何用一个具体的数来表示呢？对于小学三年级的学生来说，在之前已经积累了分物的经验，在生活中，也有半个、半块、半张这样的生活经验。在我们的教学中，可以以这些经验为生长点，从中生长出新的知识，即从整数的学习过渡到分数的学习。而教师就是要找到"分数"概念与学生"已有经验"之间的最佳契合点，使"数学"与"经验"无缝对接，这样的教学才不会显得生硬、唐突，课堂教学自然生长，水到渠成，符合学生的认知发展过程。

【教学目标】

（1）结合具体情境和直观操作，初步理解分数的意义，体会学习分数的必要性，能读、写分数，知道分数的各部分名称。

（2）结合折纸、涂色的活动，利用面积模型表示简单的分数。

【教学重点】

理解分数的意义，读、写分数。

【教学难点】

理解分数的意义。

【教学过程】

1. 情境导入

师：同学们，还记得二年级时的分物游戏吗？4 个桃子，2 只猴子分，平均每只猴子分得几个桃子？

生：2 个。

师：怎么列式？

生：$4 \div 2 = 2$。

师：现在只有 2 个桃子了，平均每只猴子分得几个桃子？

生：1 个。

师：该怎么列式？

生：$2 \div 2 = 1$。

师：瞧，在分一分的活动中我们学会了"除法"，今天，就让我们串起知识的链条，继续分一分，看看在今天"分一分"的活动中能学到什么新本领！

师：机灵狗拍下了三个分物的场景：

图 1   图 2   图 3

师：奇思说这三件事好像有相同的地方，你们觉得呢？这三件事有什么相同之处呢？

生：都是把一个物品分成两半。

师：请把你认为相同的地方用别人能看懂的方式记下来或者画下来。

图4

2. 认一认：认识 $\frac{1}{2}$

师：同学们用画图的方式表示出了三幅图的共同之处，真有想法！其实，数学中用这样的数 " $\frac{1}{2}$ " 来表示一半，知道这个数叫什么名字吗？

生：分数。

师：对了，叫作分数。今天我们就来认识 "数" 家族中的新朋友——分数。

师：知道它（ $\frac{1}{2}$ ）怎么读吗？

生：二分之一。

师：仔细看看二分之一，它的样子和原来学过的数有什么不同？

生：它是由三个部分组成的。

师：是的，中间的横线叫分数线，分数线下面的数叫分母，分数线上面的数叫分子。

3. 说一说：直观感知，再次认识 $\frac{1}{2}$

师：一个桃子怎样分，才能得到 $\frac{1}{2}$ ？

生：平均分成两份，其中的一份就是这个桃子的 $\frac{1}{2}$ 。

师：你还能在桃子中找到另一个 $\frac{1}{2}$ 吗？

生：另一部分也是 $\frac{1}{2}$ 。

师：月饼，它的 $\frac{1}{2}$，怎么得到？

生：把月饼平均分成两份，其中的一份就是块月饼的 $\frac{1}{2}$。

师：一块月饼，可以得到几个 $\frac{1}{2}$？

生：2个。

师：那彩纸呢？

生：把彩纸平均分成两份，其中的一份就是它的 $\frac{1}{2}$。

师：看看 $\frac{1}{2}$，谁来说说分数线表示的是什么？

生：分数线表示平均分。

师：2表示什么？

生：平均分成两份。

师：1呢？

生：表示取其中的一份。

师：为什么分的东西不一样，却都可以用 $\frac{1}{2}$ 来表示呢？

生：它们都是平均分成两份，用 $\frac{1}{2}$ 表示其中的一份。

师：$\frac{1}{2}$ 还可以表示什么，如果给你一块饼干，你会说吗？

生：把饼干平均分成两份，其中的一份就是这块饼干的 $\frac{1}{2}$。

师：给你一块菜地呢？

生：把菜地平均分成两份，其中的一份就是这块菜地的 $\frac{1}{2}$。

师：再给你一个葫芦。

生：把葫芦平均分成两份，其中的一份就是这个葫芦的 $\frac{1}{2}$。

4. 涂一涂：涂出 $\frac{1}{2}$

师：现在老师让饼干、菜地、葫芦消失，瞧，就变成了——平面（轴对称）图形，把它们放在格子图上，你能分别涂出这些图形的 $\frac{1}{2}$ 吗？

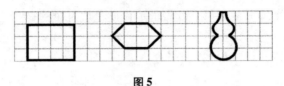

图 5

评价：他们涂的都是图形的 $\frac{1}{2}$ 吗？这条线有什么作用？

生：它可以把图形平均分成两份。

5. 辩一辩

师：借助表格可以帮助我们很准确地把图形平均分成两份，如果没有表格怎么办呢？小淘气这样涂色表示 $\frac{1}{2}$ 可以吗？

图 6

生：不可以。

师：为什么？

生：他没有平均分。

师：你们有什么话想对淘气说？

生：要平均分才行。

师：快帮淘气支支招吧！如有没有格子图，给你这些图形，有什么好方法能把这些图形平均分呢？

生：对折。

师：对折的目的是为了什么？

生：平均分。

6. 创造其他的分数

师：刚才咱们认识了 $\frac{1}{2}$，还想认识其他的分数吗？这一次，老师不讲，让你们自己来创造，你们可以通过说一说的方式，也可以通过画一画，还可以通过折一折、涂一涂等方式，自己来创造，可以吗？

全班交流：说说自己是怎么找到这些分数的？

7. 巩固新知：寻找生活中的分数

师：其实生活中还有很多的分数，接下来就让我们看一看，谁是火眼金睛，能够找到生活中更多的分数，好吗？咱们待会儿把找到的分数写在这张卡片上，找到一个就抽出一张卡片来写在上面，行不行？

8. 课堂小结

师：我们找到了这么多的分数，其实生活中的分数还有很多。今天我们通过分一分、画一画、涂一涂等活动认识了分数，谁来做分数的代言人，向大家介绍一下这位新朋友？

生：把一个物体平均分成两份，其中的一份就是这个物体的 $\frac{1}{2}$ 。

生：只有平均分才能得到分数。

生：我知道分数的组成和分数的各部分名称，还有分数的读法。

师：看来啊，你们的收获还真不少，其实分数中蕴含的知识还有很多。在二年级的时候，咱们通过分一分的活动学会了除法。今天咱们又通过分一分的活动认识了分数，分数和除法有联系吗？这个留着我们以后再去研究！

【课后反思】

从分物游戏到分一分，使学生明白后续所学与之前所学知识存在联系，可以帮助学生建立知识之间的联系，而让学生用自己的方式表达这三件事的相同之处，则是为了引领学生经历"用数表示物体数量"的过程，使学生理解分数也是一个数，是表示物体的"多"和"少"的数。再通过大量的实例让学生直观感知 $\frac{1}{2}$ 的意义，知道"把一个物体平均分成两份，其中的一份就是它的二分之一"，在充分理解 $\frac{1}{2}$ 的基础上，让学生涂出轴对称图形的 $\frac{1}{2}$ ，加深学生对 $\frac{1}{2}$ 的理解，同时理解"平均分"的含义。最后利用反例，判断淘气涂色的部分是不

是 $\frac{1}{2}$，通过形与数之间的对立，突出"平均分"，深化学生对分数意义的理解。

支撑分数概念理解的，不是分东西的情境，而是由这些情境激发引起的经验。$\frac{1}{2}$ 是怎么来的？把一个桃子（一块月饼、一张卡纸）平均分成两份，其中的一份，就是它的二分之一。在反复理解 $\frac{1}{2}$ 如何得来的基础上，学习 $\frac{1}{3}$，$\frac{3}{4}$，$\frac{5}{8}$…就能够润物细无声，水到渠成，学生对分数的理解也就会十分透彻、深刻。

《倍数与因数》教学设计与设计意图

九江市双峰小学　涂俊珂　严　婷

【教学目标】

（1）结合具体情境，联系乘法认识倍数与因数。

（2）探索找一个数的倍数的方法，能在 1～100 的自然数中，找出 10 以内某个自然数的所有倍数。

（3）积极参与数学的学习活动，初步养成乐于思考的良好品质。

【教学重点】

理解倍数与因数的意义，能探索出找一个数的倍数的方法。

【教学难点】

对倍数与因数意义的理解。

【教学准备】

点子图的作业纸。

【教学流程】

（一）引入数学史，导入倍数与因数

1. 新课前的交流

同学们，你们听说过倍数与因数吗？能说说你是怎么理解的吗？

你们刚才所说的都是你们的理解,与我们今天学的是不是一回事儿呢?今天我们就一起来学习倍数与因数。

设计意图:了解学生的认知起点,并尊重学生的认知起点,以便在下面的教学中能针对学生错误的认知,有针对性地进行教学。

2. 数学史情境

研究倍数与因数当然离不开数,所以咱们还得先从数开始说起。

这是什么?(小石头)

不错,这就是古人用来记数的石头。从远古时代,人们就用石头开始记数,经过漫长的演变,得到了我们今天用来表示物体个数的0、1、2、3、4、…这些自然数。

有一位著名的数学家叫毕达哥拉斯,他对用石头研究数情有独钟,他常常把数描绘成沙滩上的点子或小石子。按照点子或小石子所排列的形状来研究数。

今天我们就沿着数学家的足迹,也利用小石子来研究倍数和因数,好吗?

设计意图:从数学史的视角打开学生探索数学概念的大门,激发学生经历前人探索与发现规律的愿望。

(二)借助点子图模型,探究倍数与因数

1. 摆一摆,圈一圈

用36个石子,摆成一个长方形。要求:每排摆的个数同样多。

(1)想一想,怎么摆。然后在点子图上圈出自己的摆法(并列式)。

(2)反馈:展示不同摆法和算式。

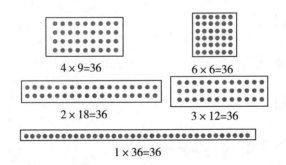

4 × 9=36

6 × 6=36

2 × 18=36

3 × 12=36

1 × 36=36

图1

设计意图：利用点子图这一直观模型为倍数与因数的教学积累丰富的感性经验。

2. 揭示含义

（1）咱们先来看 $4 \times 9 = 36$，这幅图，4、9 和 36 在乘法算式中，叫什么？（乘数和积）

在这样的乘法算式中，我们还可以用倍数与因数来描述积与乘数的关系。36 和 4 的关系，我们还可以这样说？（屏幕上给提示）

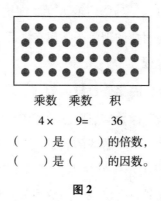

乘数　乘数　　积
4 ×　　9=　　36
（　　）是（　　）的倍数，
（　　）是（　　）的因数。

图 2

除了 36 和 4，还能找到其他的吗？生：36 是 9 的倍数，9 是 36 的因数。

师：咱们找到了两组倍数与因数的关系。谁能把四句话变成两句话。

（2）再看看刚才其他的几种摆法，你能像这样找到倍数与因数的关系吗？同桌互相选不同的算式，说一说。

（3）咱们刚才利用点子图和算式找到了 36 的因数有 1、2、3、4、6、9、12、18、36，这些都是 36 的因数。36 就是它们的倍数。倍数与因数就是一对相互依存的概念。

3. 数形结合，再次感悟概念

（1）现在你会找了吗？这次，在新的点子图上，你可以任意列一个算式，再圈一个长方形，说说它们之间倍数与因数的关系。

设计意图：再一次让学生在点子图上圈长方形，通过全班同学的直观操作与小组交流，会让他们感悟到在点子图中只要能圈出这个长方形，就能找到倍数与因数的关系，把数形结合起来。

（2）孩子们，数学上我们有个约定，倍数和因数我们只在自然数（零除外）范围内研究。想想，这样约定，就把谁排除在外了？

约定好了，咱们今天就是在非零的自然数下研究倍数与因数。

4. 回顾课前提问，反思提升概念

（1）学到这儿，你对课前同学们对倍数与因数的了解，现在你有什么想说的吗？

（2）你能用倍数与因数来描述一下积与乘数的关系吗？

讨论总结：在非零的自然数中，积都是乘数的倍数，乘数都是积的因数。

设计意图：学会反思也是一种学习的方法，课前谈话时，学生对倍数与因数的理解，到学习后倍数与因数的理解，学生在谈话的过程中，既是小的总结，也是学生自我内化的一个过程。

（三）学与游戏相结合，深化倍数与因数

学到这儿，你们对倍数与因数有点儿感觉了吗？

那咱们来玩一个游戏吧。这个游戏的名字叫学号对对碰。

课前老师给每位同学发了一张学号卡，如果每个学号都代表一个自然数，你能找到谁的学号与你的学号具有倍数与因数的关系吗？

咱们 4 人一小组，在自己组内找一找，再说一说。

交流时要达到以下 4 个目标：

1. 寻找倍数与因数的方法

请一组上台说。说说你们是怎么判断的呢？

（1）乘法算式判断。

（2）除法算式判断。

找不着的，怎么判断的？（除法算式，两个学号相数没有余数。）

找不着的，在电脑中点子图上圈一圈，有什么发现？

如 16 与 5，为什么没有倍数与因数的关系？

看成刚才的小石子，共 16 个，现在每行摆 5 个，最后剩余了 1 个，无法摆出刚才的长方形了。

设计意图：新课时，我们用乘法算式来找倍数与因数，其实倍数与因数用除法算式也能判断，在学号对对碰中，通过找谁的学号与自己的学号是倍数与因数的关系来让学生明确，找两个数是否具有倍数关系的方法，可以选择乘法，也可以选择除法，同时再一次用点子图来验证，不具有倍数与因数关系的，是无法用小石子摆出长方形的。

2. 用数学的语言严谨地描述

10 是 5 的倍数，10 也是 40 的因数。那我们能说 10 是倍数，也是因数吗？为什么？

咱说倍数与因数时，一定要把话（说完整）说清楚。谁是谁的倍数，谁是谁的因数。

设计意图：《数学课程标准》指出，学生要会用数学的语言来描述世界。这节课中，训练学生说清楚两个数之间的倍数与因数的关系，也很重要。所以在课堂上，设计了很多方法让孩子们说，随处可见我们对孩子用数学语言表述的培养，在这里，重点要强调完整，否则会出现概念的错误。

3. 发现"1"是所有非零自然数的因数，所有非零自然数都是 1 的倍数

刚才有一个同学，大家都抢着要，你猜猜，他是几号？（1 号）有请 1 号小组的同学上来。

如果"1"和咱们全班同学的学号在一起呢？（1 是我们学号的因数，我们学号是 1 的倍数）

如果"1"走出班级学号，和所有非零自然数在一起呢？

（1 是所有非零自然数的因数，所有非零自然数都是 1 的倍数。）

看到了吗？下次看到"1"的时候，要赶紧抢过来。

设计意图：在倍数与因数中，"1"是一个很特别的数，通过"大家都抢着要它"这种具有童趣的语言，让学生对"1"产生兴趣，从而研究 1 与所有自然数的关系，感受 1 的特殊性。

4. 学会找一个数的倍数

（1）老师读书时也有学号，我的学号是 9。下面我们来找找 9 的倍数吧。

请所有 9 的倍数同学上台。

大家看，咱们班学号中，9 的倍数都上来了吗？有没有缺了谁？怎样能快速地看出他们有没有来呢？有没有好方法？（有序地找）

如果我们不是在我们教室学号中找 9 的倍数，而在自然数中去找，看着数线图，你们能不能很快找到 9 的倍数。（数线图开始滚动，边滚动边圈）

0 1 2 3 4 5 6 7 8 ⑨ 10 11 12 13 14 15 16 17 ⑱ 19 20 21 22

图3

你们觉得找得完吗？为什么？（自然数的个数是无限的）想想：一个数有没有最大的倍数？那有没有最小的？9的倍数中最小的一个是几？

因此，在写9的倍数时，就可以用省略号来代替。

设计意图： 在这个环节中，通过活动让学生感受到要想知道咱们学号中9的倍数是否全部找全，得按顺序依次找，有序的思想就蕴藏在游戏中了。从班级中找9的倍数扩展到自然数中，在数线图上找9的倍数，感受一个数的倍数的个数是无限的，最小的倍数是它本身，没有最大的倍数。

（2）巩固找倍数的方法：除了9的倍数以外，你还能找到其他数的倍数吗？

① 在学习单上写出100以内8的所有的倍数。

② 开心消消乐：男女生PK，找6的倍数，有谁敢挑战？

图4

下面的同学可以一起帮忙找，找到的就喊出来。

设计意图： 整个第三大板块，设计的学号对对碰的游戏，就是想把所有的知识点都串联起来，每一个游戏的设计目标都很明确，让学生在玩的过程中，收获一个个数学知识，真正做到学中玩、玩中学。

（四）全课总结，拓展延伸

回顾一下咱们今天的课程，你能谈谈你的收获吗？

同学们，咱们今天沿着古人的足迹，利用小石子和点子图学习倍数与因数，在生活中,这些点子还可以表示,同学们的体操队形,总人数与每排的人数之间也有倍数与因数的关系,它还可以表示盒子中鸡蛋的总数与每排数量之间的关系等。

在后面的学习中,我们还可以继续延用小石子摆放的规律来研究更多的数学知识,相信你们一定能有更多更好的发现。

设计意图: 在课的结尾,将点子图拓展到生活中,感受到直观点子图的数学价值。全课中,我们都是用点子图贯穿始终,从数学史的小石子,到毕达哥拉斯的石子图,再到课堂中咱们的点子图,把倍数与因数这一抽象内容,与点子图紧密地结合起来,让学生感受到在点子图上,能围成长方形的这种直观模型的,就可以找到倍数与因数,反之则不能找到。让数形结合起来,理解抽象的概念。同时点子图在后续的学习偶数、奇数中,同样可以使用,为今后的学习积累经验。

第三篇

"图形与几何"
课例

"轴对称"再认识，从感性走向理性

——北师大小学数学五年级上册《轴对称再认识（二）》课例研究

九江市双峰小学　汪陈庚　朱晓雯　涂俊珂

北师大版小学数学教材关于"轴对称"的教学内容分别安排在二年级上册、三年级下册、五年级上册、六年级下册。二年级上册让学生在操作活动中积累轴对称运动的活动经验；三年级下册让学生直观认识轴对称图形；五年级上册让学生再次认识轴对称，能在方格纸上画轴对称图形；六年级下册让学生综合学习图形运动的方式（平移、旋转和轴对称）。

五年级上册第二单元关于"轴对称"安排了两个课时的内容。《轴对称再认识（一）》一课让学生经历观察、操作等活动，进一步认识轴对称图形及其对称轴；重点让学生在活动中加深感性认识——轴对称图形沿对称轴对折后两边完全重合。《轴对称再认识（二）》一课则是借助方格纸，补全一个轴对称图形，或画出某个图形的轴对称图形；重点让学生升华理性认识——轴对称图形上两个对称点到对称轴的距离相等。

我们选择研究的课例是《轴对称再认识（二）》。这节课的执教教师是教龄3年的朱晓雯老师，参与此次课例研究的有省特级教师涂俊珂老师、市骨干教师汪老师，三位老师组成本次课例研究的研修共同体。

选好课题后，朱老师、涂老师和汪老师首先对这节课的教学内容、教学重难点、学生认知基础进行研究。在此基础上确定了本课要达成的教学目标：借助方格纸，补全一个简单的轴对称图形，或画出某个图形的轴对称图形。最后梳理了本课的教学基本流程，如图1所示。

120

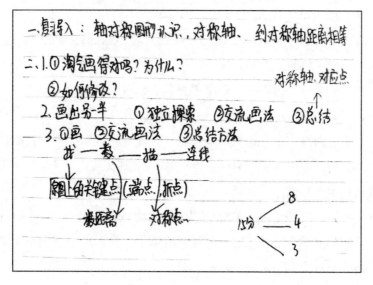

图1

第一次教学实践后，我们发现教学效果并不理想。学生画轴对称图形的另一半，基本上是凭感觉或凭经验画的，没有认识到"轴对称图形上两个对称点到对称轴的距离相等"。通过访谈我们了解到，学生认知没有提高，感觉只是复习了轴对称图形的基本特征（对折后完全重合），没有学到新知识（两个对称点到对称轴的距离相等）。除此之外，画图时还暴露了一个问题：由于没有系统规范地学习在方格纸上画出轴对称图形另一半的方法，简单的图形学生能根据经验画（图2）；但如果要画的是比较复杂的图形（图3），学生凭感觉画出来的作品很多是错的。

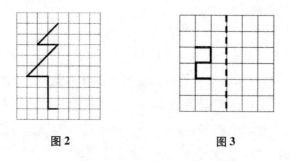

图2   图3

针对上面这些问题，研究团队的成员进行了反思与探讨。

涂：这节课是五年级上册的内容，课题是"轴对称再认识"，学生在此之前已经认识了轴对称图形，对轴对称图形的特征也有所了解，那么你们觉得这节课学生要"再认识"什么呢?

朱:应该是认识"轴对称图形上对称点到对称轴的距离相等"这一特征,然后根据这一特征画出另一半。

汪:教学时学生兴趣不大,都是根据自己以往的经验在画,学生没有感觉需要先找到"对称点"。

涂:能不能创设一个有趣的情景,让"对称点"的概念更加自然地产生?

汪:"对称点到对称轴的距离相等"这一知识点其实并不难,可以在导入时创设情境让学生掌握。

涂:曾经看到过一个小学进行的数学绘本的教学实验,二年级上册的教材里有一个"对折实验",很有趣。在这个情境中,让学生选择打开后的正确图案,认识到"对称点到对称轴的距离相等"。

朱:这个情景可以套在淘气或者机灵狗身上,更贴近学生。选项的设置也要有一定的探究性,不然学生一下就选出了正确答案。

涂:突破这一点后,我们要思考如何让学生运用刚学到的这一知识点在方格纸上画出图形的另一半。

朱:学生在方格纸上描出对称点并不难,关键是有些学生会搞错顺序。

汪:可以把这一问题交给学生,让他们充分讨论交流,互相学习好的方法。

涂:还有一点,其实轴对称也是图形运动方式的一种。说到图形的运动,学生和很多老师都会想到平移和旋转,忽略了轴对称。

汪:一般地,我们会认为轴对称是图形的一种特征。

涂:《小学数学教师》上曾经发表过一篇关于"轴对称"的解读,我们可以认真研读。

经过研究,我们在第一次教学设计的基础上进行调整。导入新课时创设情境"对折实验",将一张纸对折后戳三个洞,展开后是哪一个?设置了三个选项让学生选择:一个明显错误的选项、一个似是而非的选项和一个正确选项(图4)。在学生选择和辨析的过程中,"对称点"的概念呼之欲出,同时将"两个对称点到对称轴的距离相等"这一知识点提前。

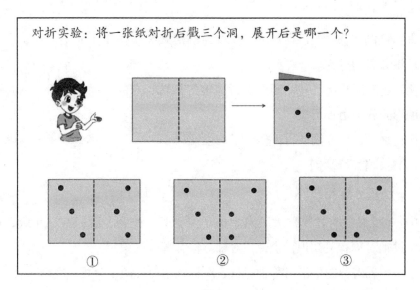

对折实验: 将一张纸对折后戳三个洞, 展开后是哪一个?

① ② ③

图4

这一环节后, 安排了教材上"判断小房子为什么画得不对的"问题。大部分学生都会运用"对称点到对称轴的距离相等"这一特征来判断, 也进一步强化了这一知识点, 为后面学生运用这一特征来画轴对称图形的另一半做好铺垫。

经过这样的调整, 学生基本上都能按照"找关键点—描对称点"的程序来画图。当学生连线顺序出错时, 教师组织学生讨论交流、展示汇报, 帮助更多的学生规范画图。有的学生想到了"描出两个相邻的对称点就连线"的方法, 有的学生想到了按照原图给对称点按顺序标上字母再依次连线的方法, 在很大程度上降低了错误率。

课堂最后, 让学生回顾本节课的内容, 说说自己新的收获, 让学生对轴对称的认识有一个升华。

第二次教学实践后, 我们又进行了互动评辩。

涂: 这一次教学比较自然清楚了, 学生画图也比较有条理。但要是能在这节课中渗透轴对称运动的思想就更好了。

汪: 我研读了上次涂老师推荐的那篇文章, 文章中详细解读了"轴对称"。轴对称分为三个层次——轴对称现象、轴对称图形 (特征)、轴对称运动。

涂: 前面两个学生都有了解, 轴对称运动是这节课我们要向学生渗透的。可以结合学生上课时描点、连线的学习过程, 让学生明白这其实就是轴对称运动的方式。

朱：可以在课堂的后半部分，用微课的形式集中向学生介绍。这也是对轴对称认识升华的过程。

涂：把轴对称运动——图形沿对称轴的翻转、点的运动，这两个内容做成动画的形式就会更加形象。

研讨之后，研究团队再次修改了教学设计。

【第三次教学设计】

（一）复习导入

师：（板书：轴对称）大家熟悉这个课题吗？是啊，我们在二年级、三年级都学过轴对称有关知识，说说你对轴对称有哪些认识？

生：把轴对称图形沿对称轴对折，对称轴两侧的两部分可以完全重合。（板书"对折""完全重合""对称轴"）

师：轴对称图形为什么沿对称轴对折以后能完全重合呢？这背后有什么奥妙呢？今天我们就来学习《轴对称再认识》。（板书"再认识"）

（二）探究新知识

1. 猜测想象

师：刚才大家都说到"对折"，淘气就做了一个对折实验。瞧，将一张纸对折一次，再在纸上戳了这样三个洞，（用提前制作好的教具展示）将这张纸打开后是什么样子的呢？想一想，这里有三张图，哪幅图和你想的一样？

生：我觉得是第三幅。

师：都认为是第三幅，那第一、第二幅图哪里不对呢？

生：第一、第二幅图上面的点不对称。

师：看来你们都有这样的感觉，但是数学不能光凭感觉，需要用数据证明。我这里有一个好工具，可以让我们一眼就判断出哪个对哪个错。（在第一、第二、第三幅图下方衬上方格纸）你看出来了吗？

师：如果把这个洞看作一个点，记作 A；这个洞记作 A'。点 A 到对称轴的距离和点 A' 到对称轴的距离应该是？

生：一样的。

师：点 A 和点 A' 到对称轴的距离相等。我们把这样一组特殊的点称为对称点（板书：对称点）。第三幅图中还有这样的对称点吗？你能上来给我们指一指吗？

师：我们把这两组对称点分别记作 B 和 B′，C 和 C′，这两组对称点到对称轴的距离是一样的吗？

生：是一样的。

师：请用数据证明。

生：B 到对称轴是 4 格，B′到对称轴也是 4 格。

师：点 C 和 C′呢？

生：C 到对称轴是 3 格，C′到对称轴也是 3 格。

师：谁来总结一下？

生：对称点到对称轴的距离相等。

师：（板书记录）因为每组对称点到对称轴的距离都相等，所以对折后才能完全重合。（指着纸上的洞，教具演示第三幅图）如果对称点到对称轴的距离不相等（演示第一、第二幅图），对折后能完全重合吗？

生：不能。

师：完成对折实验，淘气又遇到了新的问题，我们一起去看看。

2. 淘气画的房子对不对

师：淘气根据轴对称小房子的一半画出了整座房子，你能用刚才的方法判断淘气画的对吗？

生：淘气画的房子不对。

师：你想找哪些点来验证？

生：房子下边最左边一点到对称轴有两格，最右边也应该到对称轴有两格，但淘气画的有 3 格，所以画的不对。

师：图上还有哪些点可以验证他画的不对？怎么修改呢？

师：要想准确地画出轴对称图形的一半，对称点可要找准哦！

3. 活动探究

师：你们能准确地画出轴对称图形的另一半吗？那我们试一试。想象一下，这是什么图形的一半？

生：一棵小树。

师：要想补全这个图形的另一半，你们想怎么画？

生：我想象……

师：凭感觉画有可能画对，也有可能不能画对。如果用今天学的知识来画，先做什么？

生：找对称点。

师：你想找哪些点的对称点？

生：上台指。

师：图形上可有无数个点，你们找的这些点有什么特点？

生：这是拐弯点，这些点在角上……

师：你们找的点都很关键（板书"找关键点"），它们可是每条线段的端点。这三个也是线段的端点，为什么不找它们的对称点呢？

生：它们的对称点就在对称轴上，就是他们本身。

师：也就是说这些点到对称轴的距离都是？

生：0！

师：谁来找找这个点的对称点呢？说说你是怎么找的？

师：像这样找到对称点之后再依次连接，会画吗？拿出作业纸在方格纸上画一画。

师：你觉得用这种方法来补全轴对称图形的另一半怎么样？

生：很好，很快，很准确。

4. 画出完整图形的轴对称图形

（1）交流方法

师：想了解更多轴对称的奥秘吗？你能以这条虚线为对称轴画出它的轴对称图形吗？你是凭感觉还是用今天学到的方法？先做什么？

生：找点。

师：那就动手试一试，画出"2"的轴对称图形。

生：独立思考完成。

师：我们来看看这位同学画的对吗？（展示交流）

师：像在画这种图形的轴对称图形时，我们还可以看对称线段，有些对称的两条线段到对称轴的距离也是一样的。为了更准确地画出它的轴对称图形，

老师这里还有一个好方法，想了解一下吗？（视频演示在图上标注字母的方法）

师：现在有信心画出第二个图形的轴对称图形吗？结合刚才两种方法，在书上画出6的轴对称图形。

（2）反思拓展

师：对比这两次画的轴对称图形，有没有什么不同的地方？

生1：第一次开始只有一个图形的一半，第二次开始的这个图形是一个完整的图形。

生2：第一个图形的对称轴在图形里面，第二个图形的对称轴在图形的外面。

师：观察得真仔细。像这样，一个图形沿着一条直线对折能完全重合，这个图形就叫作轴对称图形。而像这样，不同位置上的两个图形沿着一条直线对折后能完全重合，我们就说左边的图形是右边的轴对称图形，右边的图形也是左边的轴对称图形。谁再来像我这样说说下面这幅图中两个图形的关系？

生：上面的图形是下面的轴对称图形，下面的图形也是上面的轴对称图形。

师：看来大家今天对轴对称有了更多的了解。接下来，我想考验一下你们的想象力和创造力，敢不敢接受挑战？

（三）巩固练习

（1）师：你能想象得出，这个轴对称图形的另一半可能在哪里吗？试试在作业纸上画出它的另一半。

师：一起看看，他画的是轴对称图形吗？

师：还有不同的画法呢，这是轴对称图形吗？这个呢？是轴对称图形吗？为什么可以画出这么多不同的轴对称图形？

生：因为对称轴的位置是不确定的。

（2）师：想不想来个更有意思的？

依次呈现信息：A：我们ABCD是一个四边形上的四个顶点。

B：这个四边形还是一个轴对称图形。

C：同学们，请你帮忙找找D在哪儿？

师：先想象一下，D点有可能在哪儿？接下来在纸上把这个完整的四边形画出来，并标出它的对称轴。

师：（展示作品）这个四边形是轴对称图形吗？谁和谁是对称点？

生：A 和 B 是一组对称点，C 和 D 是一组对称点。

师：A 点和 B 点到对称轴的距离是？

生：1 格。

师：C 和 D 呢？

生：3 格。

师：老师这里还有几幅作品，看看它们符合要求吗？如果符合，你能找到图中的对称点吗？

（四）微课拓展

想了解更多有关轴对称的知识吗？我们看个小视频了解一下。

通过微课，让学生从"生活中的轴对称现象""数学中的轴对称图形""图形的运动方式"三个层次认识"轴对称"。

课中观察和课后访谈的结果显示，第三次教学实践的效果很好。学生通过"对折实验"的情境导入，从"轴对称图形沿对称轴对折后两边完全重合"的感性认识升华到"轴对称图形上两个对称点到对称轴的距离相等"的理性认识。

制作的小微课让学生从"生活中的轴对称现象""数学里的轴对称图形""图形的运动方式"三个维度认识轴对称。

学习《轴对称再认识（二）》，到底要学生再认识什么呢？通过课例研究，经历"学习、设计、教学、反思——再学习、再设计、再教学、再反思——继续学习、继续设计、继续教学、继续反思"的过程，让教师教得更清晰，让学生学得更明白。

巧设学习活动 彰显数学本质

—— 以《圆的认识（一）》一课为例

九江市双峰小学 涂俊珂 蔡孟秋

【教学内容】

新世纪小学数学（北师大版）六年级上册第2~3页。

【教材分析】

什么是圆？这是本节课要探究的核心问题。教材意图通过套圈游戏中的公平性问题，渗透"圆上所有点到定点（圆心）的距离都相等"这一本质特征。学生的发现是令人惊喜的：如果每个人到目标物的距离相同，随着人数越来越多，所站队形会越来越接近圆。从数学的角度研究，套圈的人就相当于圆上的点，目标物相当于圆心，圆上每一点到圆心的距离相等……圆的特征，就这样在活动中逐渐建构起来。

【学生分析】

要想把学生引导到我们想让他们去的地方，首先要知道他们现在在哪里。这就要求教师在备课时，对学生的学习起点要有充分了解。我们对学生进行了访谈，发现绝大多数学生虽然熟悉圆，能够辨认圆，但他们仅仅感知了圆的形状特征，并不了解圆的本质特征。此外，多数学生知道圆规，部分学生还用圆规画过圆，但是不能将画圆与圆的特征联系起来，解释其背后的道理。因此，在课堂中，教师要通过有效的活动，促进学生对圆的认识从朦胧走向清晰、从形式走向内涵、从零散走向系统。

【学习目标】

（1）结合生活实际和丰富多彩的活动，体会圆的结构特征。

（2）经历概念的形成过程，认识圆心、半径、直径，探究半径、直径的特征以及它们之间的关系。

（3）在画圆的过程中，进一步巩固对圆的特征的理解。

【教学过程】

（一）以游戏为载体，直击圆的本质特征

师：同学们，课余时间大家做过很多种游戏。有这样一种游戏，你们玩过吗？（播放套圈游戏视频）

图1

师：这个游戏叫套圈游戏。将套圈的目标物固定不动，人离目标物一定距离。离得越近，套中的可能性越大；越远可能性越小。

师：如果我们班一起，来一场套圈比赛，你觉得应该注意什么问题？

请学生谈谈自己的想法。

师：要想比赛公平公正，我们班同学在赛场上的位置十分关键，该如何安排同学的位置呢？下面小组合作，在这块磁力板上进行设计。瞧，上面有红色和蓝色的磁贴，红色代表目标物，蓝色代表人。

活动一：公平地安排每个人的位置

图 2

师：好的，时间到，同学们面向老师。

在操作时你们遇到了哪些问题，又是怎样解决的？谁来跟大家分享？

生 1：我们本打算让人站成一排，但是用尺子测量时发现有的人离目标物近，有的人离目标物远，所以我们进行了调整，把人到目标物的距离定为 3 厘米，他们站成了一个弧形。

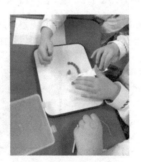

图 3

师：你们对活动要求把握得很准确。大家觉得这样的设计公平吗？

生 2：我认为公平，因为每个人到目标物的距离都是 3cm。

师：这个设计很有意思。发挥你们的想象，如果图上的人越来越多，队形可能会是什么样？

生 3：应该是一个圆。

生 4：我也认为是一个圆。

师：课后你可以继续摆一摆，验证你的想法。还有其他组想展示吗？

生 3：我们是用小木棍，以它的长度为标准来确定每个人的位置。

图 4

师：这个设计怎么样？

生4：我觉得很公平，因为每个人到目标物的距离都是一样的。

生5：我也觉得很公平，因为木棍的长度是固定的，这样人到目标物都是这根木棍的长度。

师：嗯，这样设计符合活动要求。还有不同的分享吗？

生5：我们是用绳子测量的。首先，将绳子套在目标物上，再在绳子上做一个记号，转动绳子。每个人都在这个记号的位置。

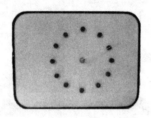

图 5

师：大家觉得公平吗？

生6：我认为很公平，因为这样每个人到目标物的距离都是相同的。

师：用绳子操作时，有什么要特别注意的地方？

生7：我认为绳子要拉直，这样才能确保人到目标物的距离相等。

生8：我认为在绳子上做记号很重要，这样能帮助我们确定人的位置。

师：同学们，操作、交流过后要有思考。这些设计虽然选用的工具不同，但也有相同之处，谁看出来了？

生1：他们站的队形有点像圆。

生2：他们都是先固定好目标物的位置，再定人的位置。

生3：每个人到目标物的距离相等。

师：他们都是先将目标物固定在一点后（板书：定点），再利用尺、绳或小棒来定一段距离（板书：定距离），这样对每个人都很公平。

师：随着人越来越多（ppt），这个图形会越来越接近什么？（圆!）

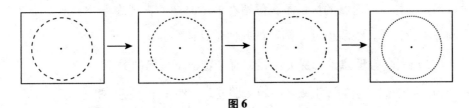

图6

师：这节课，我们初步认识圆的相关知识。[板书：圆的认识（一）]让我们通过一段微课小视频来了解圆。

（播放视频）

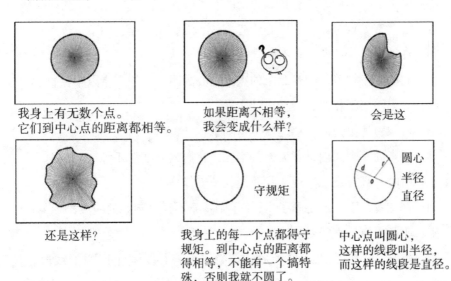

我身上有无数个点。
它们到中心点的距离都相等。

如果距离不相等，
我会变成什么样？

会是这

还是这样？

我身上的每一个点都得守规矩。到中心点的距离都得相等，不能有一个搞特殊，否则我就不圆了。

圆心
半径
直径

中心点叫圆心，
这样的线段叫半径，
而这样的线段是直径。

图7

师：通过这段微课，你都了解了哪些相关知识？

生1：圆上有无数个点，它们都要守规矩，到圆心的距离都相等。

生1：我认识了圆心、半径和直径。

生2：圆心用字母 O 来表示，半径用字母 r 表示，直径用字母 d 表示。

师：回顾刚才的套圈比赛，目标物其实就相当于圆的——圆心。（板书：圆心）人到目标物的距离相当于谁的长度——半径。（板书：半径）

设计意图: 为了帮助学生认识圆,以套圈比赛为背景,让学生在公平的前提下,安排每个人的位置。在操作活动中,学生经历了"茫然无头绪→跟着感觉走→利用工具验证→发现问题→不断调试"的过程,这个过程太重要了!学生在动手操作中,对圆的认识不再停留在低幼时期的直观表象经验上,而是直击圆的本质特征,逐步逼近"圆"的几何学定义。

(二)引导推理想象,探究半径、直径特征及它们的关系

师:同学们,咱们课上来了一位新朋友,它叫丁丁,是个机器人。

丁:同学们,我想画出这个圆的半径,该怎么画呢?你能帮助我吗?

生:连接圆心和圆上的任意一个点就行了。

丁:我想画出这个圆的所有半径,你能帮助我吗?

师:怎么了?你们好像有什么想说的?

生:圆上有无数个点,和圆心连起来就有无数条半径!画不完。

师:仔细思考,这些半径有什么关系呢?

生:它们长度相等,因为圆上的点到圆心的距离相等,所以半径长度相等。

师:如果距离不相等,会变成什么样?

生:就像短片里说的,总之就不是圆了!

师:看来同一个圆内,有无数条半径,它们的长度都相等。

丁:哈哈,真有意思!现在我要画一条直径!

师:仔细看,丁丁准备画了。(丁丁画一条不经过圆心的线段)

生:不行不行,直径要经过圆心。

丁:哎呀,不好意思,尺子放错位置了。直径是通过圆心的线段,我明白了。

(丁丁画一条经过圆心,但是两端不在圆上的线段)

生:不行不行,直径两个端点都在圆上。

师:直径还有什么特征?

生1:直径也有无数条,长度都是相等的。

生2:一条直径相当于两条半径,所以直径也相等。

师:你还发现了直径和半径怎样的联系。在同一个圆内,直径的长度是半径的 2 倍。我们可以说 $d = 2r$ 或者 $r = d/2$。(板书)

设计意图：半径、直径的特征，需要结合圆的特征进行探究。本环节通过画半径、画直径的活动，让学生在认知冲突中，体会同半径、直径的特征，发展学生的空间想象能力和推理能力。

（三）巧设画圆活动，内化圆的特征

1. 在操场上画圆

师：刚才为了公平地安排每一个人的位置，我们在磁力板上设计了一个圆形的比赛场地，如果真的在地面上画出这个圆，你有什么好办法？

学生交流，并汇报画圆方法。

生1：我想拿一根长绳子，先把绳子一端固定，另一端系一直笔，把绳子拉直后旋转就可以画一个圆。

生2：我们可以拿一根长棍子，先在地上确定一个点作为圆心，把棍子的一端靠在点上，木棍另一端放一支笔，旋转木棍就可以画一个圆。

师：我这儿也有一个方法。（视频）和你们的方法相比，有什么相同之处？

图8

生：都要定圆心，定半径的长度，还要旋转一周。

师：看来定圆心、定半径对于圆太重要了！难怪我国伟大教育家墨子曾说："圆，一中同长也！"你是怎样理解这句话的？墨子用简洁的6个字，就道出了圆的特征。

2. 在纸上画圆

师：按照同样的原理，人们还设计了一款画圆工具，它是圆规。这是圆规的手柄，这是两只尖脚，一个是针尖，一个是笔尖。一起来看看怎样用圆规画圆吧！（播放视频）想不想用圆规？从抽屉里拿出信封和作业纸，试着画圆。

（学生独立画圆）

师：要想画一个漂亮的圆，有什么特别要注意的？

一起来指导老师，画一个漂亮的圆！（强调：定圆心、定半径）

3. 画圆比赛

师：你们想不想用圆规画圆？咱们来一个画圆比赛怎么样？（好！）听清要求，任意画三个圆，看谁画得又好又快，开始！

教师巡视，并收集作品。

师：我发现了一些有趣的作品，一起来欣赏。看到这个作品，你有什么发现呢？和你的组员讨论一下。

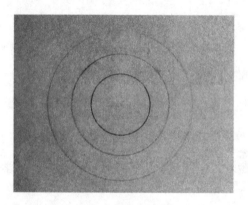

图9

生：这3个圆心相同，大小不同。

师：为什么这些圆大小不同？

生：半径越大，圆就越大；半径越小，圆就越小。

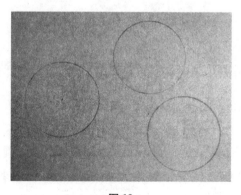

图10

师：看第二个作品。你又有什么发现？

生：这三个圆大小相同，但是圆心不同。

师：圆心的位置不同，这三个圆的位置也不同，很有意思的现象！你知道吗，大自然可是个天然画家，美丽的圆其实早已经悄无声息地降落在了我们身边。（播放下雨视频）

师：发现圆了吗？

生：雨点落在水面上，形成的波纹是圆形的。

师：当小雨点落在水面上，就会形成圆形波纹。不经意间，圆就降落在了我们身边。用数学的眼睛去观察，圆如此美妙。

设计意图：圆的认识是画圆的基础，反过来理解画圆的原理是对圆的再认识。本环节是在学生认识圆的基础上，将画圆与圆的特征联系起来，赋予"画圆"以"再认识圆"的意义。

（四）联系圆的特征，解读生活现象

师：其实，圆在生活中触目皆是：篮球场的抢球区为什么要做成一个圆；马路上井盖儿，大多数是圆形的；钟有时会做成圆形的；车轮也是圆形的。这些圆形设计背后蕴藏着怎样的奥秘呢？带着我们今天的所学知识，课后去寻找答案吧！

图 11

设计意图：数学从生活中来，又回到生活中去。通过结合大量生活实例，让学生结合圆的特征解读生活现象，拓展学生对圆的认识，体会圆的应用价值。

【课后反思】

圆是小学数学"图形与几何"领域中关于平面图形认识的最后一个教学内容，也是小学数学教学中唯一的平面曲线图形。小学数学教材中只涉及圆的直观表象，并没有给出圆的几何学定义。研课时，我们不断思考：如何准确把握圆的概念的本质属性？如何关注学生已有的活动经验，设计更加符合学生心理特征的学习活动？如何让学生主动经历圆概念本质属性的探索过程？带着这些思考，在读懂学生、读懂教材的基础上，我们做了一些尝试。

（一）坚持儿童视角，以学生的发展为本

圆是生活中常见的几何图形。学生已经有对圆的认识经验，但这些经验大多停留在圆的直觉里。在教学中，我们想从学生的生活经验和知识背景出发，在尽量保证"圆的认识"的科学性的前提下，寻找合理的教学方法，设置合适的教学路径。

套圈游戏，学生比较熟悉，有利于学生的参与。从套圈游戏的真实情境抽象到磁力板上的红（目标物）蓝（人）磁贴，这一数学化的过程，排除了非本质属性的干扰，引导学生去关注每个蓝点与红点之间的距离，思考要保证游戏的公平，每个蓝点到红点之间的距离需要相等，进而去观察、想象这些点组成的图形。在动手操作、思维碰撞中，逐步上升到数学层面来了解圆、认识圆。

（二）注重数学思考，设计触及数学本质的学习活动

概念的学习，学生获得的并不是那几句条纹式的数学定义，而是丰富的、鲜活的数学概念意向。因此，我们进行了一次大胆的尝试：在磁力板上模拟套圈游戏，公平地安排每个人的位置。这是一个触及数学本质，触动学生思维内核的学习活动。通过这样的活动，我带领学生从两个方面实现了认识上的超越：第一个超越——对线的认识的超越，将线看成是点的集合，让学生认识到圆上有无数个点；第二个超越——对图形特征认识的超越，圆的认识不再像直线图形那样，大部分从边或者角去概括，而是让学生将观察的视角锁定在组成图形的点的共同属性上，也就是学生自己总结的：圆上的每个点到圆心的距离都相等。

（三）发挥推理想象，培养学生的空间观念

学生在直观操作中建构圆后，我又引导学生进行推理和想象如何在操场上画圆。比起在纸上画圆，我更加看重学生在头脑中画圆，这就赋予了画圆以"再认识"圆的功能，深入内化对圆的认识，也为学生学习用圆规画圆埋下了伏笔。教师关注的不仅仅是学生学会了什么知识，更为重要的是让学生经历知识自然形成的过程。

深入研读教材　把握知识本质

——《平移与平行》课例研究

九江市双峰小学　涂俊珂　高思思

新课程理念提出"用教材教"，提倡教师依据课程标准灵活地使用教材。但如何"用教材教"，是值得每一位数学教师思考的问题。笔者认为，只有深入研读教材，了解教材的特点和编写意图，分析教材所渗透的数学思想和方法，体会教材所蕴含的教学理念，才能把握知识本质，从教学实际出发，创造性地使用教材，赋予教材以活力，更好地促进学生的发展。下面，笔者结合《平移与平行》一节数学课的研究过程，浅谈如何深入研读教材，把握知识本质。

《平移与平行》一课的执教教师是教龄 5 年的高思思老师。参与此次课例研究的主要为省特级教师涂老师和执教教师本人。

一、研读教材，发现问题

在研读教材的过程中，教师需要明确教学目标，把握教学重难点。这就需要教师具有敏锐的洞察力，善于分析教材的编写意图，并表达自己的想法与困惑。我们来看看《平移与平行》一课中，研究团队在研读教材时，是如何发现"问题"的。

当高老师决定要上《平移与平行》一课时，团队老师进行了一次交流。

涂老师：对于《平移与平行》一课，你有什么想法？

高老师：知道要上《平移与平行》这一课后，我看了很多相关的教学视频。发现大部分的教师并没有从平移的角度去认识平行，而是与相交进行对比，认为永不相交的两条直线之间的位置关系叫平行，整个教学过程都是围绕延长后有没有交点来判断是否平行。但是，北师大版教材没有给平行下定义，只是通过用铅笔在方格纸模拟窗户和国旗的平移运动，观察平移前后铅笔的位置，从而得出平移的特点：平移前后，铅笔之间的空格数一样多。接着，智慧老人说，"像这样的两条直线互相平行"，由此揭示平行的概念。对此，我有些困惑，如何去定义平行的含义呢？

涂老师：嗯嗯，每位老师对这节课都有自己的解读，每个版本的教材编写意图也是不同的。北师大版教材把"平移"与"平行"这两个概念联系在一起，显然是想通过平移现象让学生认识平行的特点。找到"平移"与"平行"之间的关系，也许是这节课的突破口。

高老师：那问题就回到了"平移"与"平行"的概念界定。"百度词典"是这样定义平移的：在平面内，将一个图形上的所有点都按照某个直线方向作相同距离的移动，这样的图形运动叫作图形的平移运动，简称平移。我从百度百科中发现，平行的定义为：在同一平面内，永不相交（也永不重合）的两条直线叫作平行线。其中给出了平行的性质：平行线间的距离处处相等。既然平移的特点是移动的方向不变，距离相等，那么移动前后的两条线互相平行，这样平行线间的距离相等。按照这种逻辑，可不可以这样理解，通过平移可以得到平行线，也就是说平移是运动的过程，平行是平移运动后的结果。

涂老师：我认同你的想法。我曾在《小学数学教材中的大道理》这本书上看到过这样的观点：史宁中教授认为，可以通过平移得到平行。他说，平移的参照物是一条射线，图形上所有的点与射线的距离保持不变，沿射线的方向移动相同的距离，这就是平移。简单地说，每一个点沿射线的方向移动相同的距离，这就是平移。如果一条直线是另一条直线通过平移得到的，那么这两条直线平行，甚至可以用这个来定义平行。

老师们对"平行"都有自己的认知，常常把平行与相交建立联系。那么，当教材把"平移"与"平行"联系在一起时，教师们不能仅仅遵从已有的教学模式，而应深入研读教材的意图，把握知识的本质，进一步完善对"平行"的认知结构的再建构。在集体的思维碰撞中，此次课例研究的主题就这样确定下来，那就是：什么是平行？平移与平行之间有什么联系？如何通过平移现象来认识平行？让学生经历什么样的数学活动来理解"平行"的意义？

通过以上"发现问题"的过程，我们可以发现在研读教材时，教师要有问题意识。如：不同版本的教材是如何进行概念界定的？教材的编写意图是什么？除了研读课本和教参，还有哪些途径可以让我们深入研读教材？只有在问题驱动的前提下，教师才会有目的、有方向地研究教材，让研读教材更有深度和广度。

二、教学实践，分析问题

基于第一次团队交流后的思考，高思思老师进行第一次教学实践。

【第一次教学实践】

（一）复习导入

师：（课件出示）同学们，这是什么？线段。如果我把这条线段向一端无限延伸，这又是什么？射线。如果向两端无限延伸呢，是什么？直线。

师：现在又来了一条直线，你知道这两条直线的位置关系吗？相交。

（课件转动其中一条直线）现在呢？垂直。

师：是不是两条直线的位置关系只有相交？

师：两条直线之间的位置关系到底是什么样的？我们一起来研究研究吧。

（二）通过平移，认识平行

（1）初步感知，尝试判断（课件播放：推拉窗户）。

图1

师：推拉窗户的过程中，这扇窗户在做什么运动？（平移）

师：是的，这是咱们以前学过的物体的运动方式：平移。（板书：平移）

师：我们来看，窗户的一边最开始在这个位置（课件出示：线段），经过平移后，到了这个位置（课件出示：线段），你知道这条边和这条边位置之间

有什么关系吗?(板书:平行)

(2)师:你的知识面真广。你们都听说过平行吗?说说你认为什么是平行?

师:看来同学们对平行都有自己的认识,到底哪些想法是正确的,相信学完这节课,你能做出准确的判断。今天这节课,我们就一起通过平移现象来认识平行。(板书:平移与平行)

(3)窗户的这条边是怎样平移到这里的?你能模拟一下吗?请同学们用铅笔在方格纸上移一移,并把铅笔平移前后的位置在方格纸上画一画。

反馈:说一说这支铅笔是怎样平移的?

(课件演示)师:是这样的吗?

师:仔细观察,你在平移铅笔的过程中发现了什么?同桌互相讨论一下。

移动前后,铅笔之间的空格数是一样多的。(课件演示)

师:我们一起数一数吧。我从这条直线上取一个点 A,平移后,它的对应点 B,数一数有几格?(3格)从再找个点 C,平移后,它的对应点叫点 D,可以吗?有几格?(3格)从这点到这点呢?(3格)

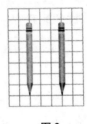

图 2

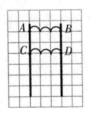

图 3

师:确实,平移前后,两条直线之间的空格数一样多。

师:像这样,平移前后,两条直线之间的空格数一样多,我们就说,这两条直线互相平行。(课件:像这样的两条直线互相平行。)

师:现在你会说这两条直线之间的位置关系吗?谁和谁互相平行?(直线 AC 和直线 BD 互相平行)

师:我们称它为一组平行线。

(4)课件出示:升旗。

师:刚刚我们通过平移窗户认识了两条互相平行的直线,其实生活中还有很多平移现象，如升国旗。它是怎样平移的？你能用铅笔在方格纸上模拟一下，移一移、画一画吗？

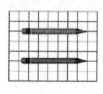

图4

师：仔细观察，你知道两条直线的位置关系吗？互相平行。

师：你是怎样判断的？这两条直线之间的空格数一样多。

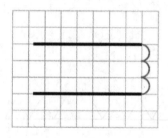

图5

（5）课件出示：方格纸上相交的两条直线。

师：这两条直线互相平行吗？（不平行，因为延长后，两条直线相交了。）

师：想一想，为什么两条直线会相交呢？（两条直线之间的空格数不一样多）

这两条直线互相平行吗？　　　　这两条直线互相平行吗？

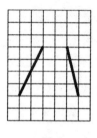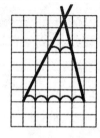

　　　图6　　　　　　　　　**图7**

（6）师：现在，你对平行线有感觉了吗？平行线有什么特点？（板书：平行线间的距离相等）

（三）找一找生活中的平行线

生活中，你还能找到这样的平行线吗？

反馈：谁与谁互相平行。

（课件：象棋盘、五线谱、瓷砖、百叶窗、铁路线、单杠双杠、旗杆、斑马线、楼梯扶手）

（四）找一找，描一描，进一步感知平行

师：刚刚我们从生活中找到了很多的平行线，你能从图8中找出两组互相平行的线段吗？用不同的颜色描出来。

反馈：课件演示：

（1）向左倾斜的有8条线段互相平行。

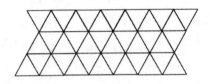

图8

生：线段 AB 与线段 CD 互相平行。同意吗？我们来验证一下吧。平移线段 AB，与线段 CD 重合，所以这两条线段互相平行。

师：仔细观察，线段 AB 还和谁互相平行？（课件依次平移验证）

师：线段 AB 和较长的线段也是互相平行的吗？你有什么想说的？（判断两条线段是否平行，与两条线段的长短无关）

师：看来，两条直线能互相平行，那么，3 条、4 条或者更多的直线，也能互相平行。

（2）横着有4条线段互相平行。

（3）向右倾斜的有6条线段互相平行。

（五）动手操作，得到一组平行线

师：同学们，刚刚我们在生活中，在图形上找到了很多组平行线，你们想不想自己动手创造一组互相平行线？

（课件出示：方格纸、白纸、直尺、三角板）

师：请同学们从中选择材料，通过折一折、画一画的方法做一组平行线。比一比，谁的想法最多。

学生动手操作，教师巡视，提醒：选择折一折的方法，可以用水彩笔把折痕描一描。

反馈：

（1）方法一：折一折。

师：你是怎样折的？这两条折痕一定是互相平行的吗？能不能验证一下？

（量一量，看两条平行线之间的距离是否相等）

（2）方法二：画一画。

①方格纸上画一组平行线。

②白纸上用两个三角板画平行线。

师：当没有了方格纸，在白纸上好画吗？遇到什么困难了？想不想知道如何在白纸上画出一组标准的平行线？

教师用三角板画一组平行线：先画一条直线，再慢慢移动成不平行，问：这样行吗？生：不行，歪了。师：好，我小心点移。（又移歪了）这样行吗？（不行）师引导：怎样才能确保平行？（给个依靠）可以这么做？

（引导出可以拿一把直尺做依靠）有依靠了，下一步该怎么样？（移动）然后呢？（画）师：谁来和老师一起画这条线？（师生合作完成）

（课件展示平行线的画法）

师：还能再画一条直线与它平行吗？（师生合作完成）师：还能画吗？能画多少条？让学生知道可以画无限条。

你们想试一试吗？书P21：4，同桌一起合作，试一试吧。

（六）课堂小结

通过今天的学习，你有什么收获？

在进行了第一次教学实践后，进入分析问题的环节。研修团队成员依据教学中存在的问题、学生学习的困惑、教学方法等不同方面表达自己的观点，反思教学，不断改进。

以下是研修团队针对《平移与平行》一课展开的互动评辩、分析问题的过程。

涂老师：上完这节课，你有什么感受？

高老师：这次教学，没有让学生深刻地体会平移与平行之间的关系，感知平行的特点。

涂老师：既然要通过平移现象来认识平行，教学中，我们需要让学生真正理解平移，即："平移的参照物是一条射线，图形上所有的点与射线的距离保持不变，沿射线的方向移动相同的距离，这就是平移。"其实，要讲清楚平移，学生关键要理解两个量：方向和距离，而且要做到直线上的每一个点沿射线的方向移动相同的距离，这才是平移。

高老师：是的，教学时，学生难以发现：移动前后，铅笔之间的空格数是一样多的。而且也不理解操作要求：用铅笔在方格纸上模拟窗户和国旗的平移运动，移一移、画一画。有些学生在方格纸上画铅笔，有的学生画出了国旗移动前后的样子。

涂老师：当学生无法关注到移动前后，铅笔之间的空格数是一样多的，我们可以设置反例，让学生辨析：当两条直线之间的空格数不一样多时，那么就不是平移。

高老师：这是个好方法。其实，对于用铅笔模拟窗户和国旗的平移运动，我一直有些疑惑。窗户和国旗实际上是一个图形在平移，但是却用铅笔来移一移，怎样把二维的平面和一维的线段联系起来呢？窗户和国旗都是长方形，本身就存在平行线段，那么在推窗户和升国旗时，学生能看清平移前后线段的位置吗？

涂老师：你分析得有道理。当教学时，所选用的素材非常重要。既要贴合儿童的生活经验，又要避免其他因素的干扰。我也在思考选择什么样的素材，能够体现平移的本质特征：每一个点沿相同的方向移动相同的距离。另外，如果学生不明白操作要求时，需要思考操作要求是否有歧义，学生的困难点在哪里，必要时离不开教师的示范与引领。

高老师：嗯嗯，明白了。这节课的第二个环节是在图中找两组互相平行的线段，由于没有方格图，学生没法用刚刚所得出的结论"平行线间的空格数一样多"的方法来验证所找到的就是平行线。教学时，因为无法预料学生找到的是哪组平行线，采用平移线段的方式来验证学生找到的是不是一组平行线，操作起来，麻烦又不灵活。这个环节，不知道该如何处理？

涂老师：你想得比较细致，当教学中遇到困难的时候，想想这节课的教学目标和教学重点，在每个环节中都渗透平移与平行之间的关系，也许问题就会迎刃而解。

通过教学实践、互动交流、分析问题的过程，执教者可以发现教学设计中存在的问题，如：在研读教材方面还存在哪些理解不到位的地方？在教学中，发现了哪些新的问题？如何进行有效的教学设计，更好地实现教学目标？等等。

三、反思内化，解决问题

在思维的碰撞与互相学习中，教师不仅要反思一节课的成功与失败，而且需要思考如何提出有针对性的建议与想法，提高解决问题的能力，促进教师自身的专业发展，更好地服务于学生。

我们来看看《平移与平行》一课中，团队成员对"让学生经历什么样的数学活动来理解平行的意义"这一问题的研究过程。

涂老师：生活中有很多的平移现象，如何去选择好的教学素材来体现平移的本质特征：每一个点沿相同的方向移动相同的距离。我联想到了国庆阅兵，如果把每排士兵看成一条线，那么这条线上所有的点都要像士兵一样守纪律，每个点都要向同一个方向移动相同的距离，每一处之间的空格数都要一样多，这样才算是平移运动。如果有的点不遵守纪律，移动之后就不是平移了。这就顺理成章地揭示了平行的概念：平行线间的距离处处相等。

高老师：好想法。那么可以创设这样的活动：用小棒在方格纸上模拟士兵的运动，移一移、画一画。为了让学生理解操作要求，可以拍摄一段视频示范，让学生一观看视频的过程中明白活动要求。同时，在教学时，关注平移的两个关键要素：方向与距离。

涂老师：是的，好的数学活动离不开概念本质、触动思维内核的活动，对于平移特点的感悟需要让学生经历各种数学活动。教学时，除了分析学生平移后的作品，还可以创设机灵狗的反例作品，通过数格子来判断是不是平移，让学生再动手操作，观察对比，思考与交流中感知平移的特点，从而通过平移现象来认识平行。

高老师：我明白了，课堂上不仅要关注教师怎样教，更要关注学生怎么学。学生需要在大量的活动中经历知识的形成过程。其实，学生在找一组平行线时，更多的是凭借肉眼观察，在没有方格纸的前提下，也无法求证。那么，是否需要创设一个方格图呢？

涂老师：你的想法也不错。如果学生已经掌握了学习的方法，其实可以尊重学生的感觉。环节二的图形，如果你把它想象成三角形动态平移形成的，那么你担心的验证环节便可以不攻自破了。

高老师：有道理。我想这正是这幅图的用意，一个三角形进行不同方向的平移得到的大图形，可以在课件上把静态的图形用动态的平移方式逐步演示，这样既可以与课题吻合，明白通过平移可以得到平行，还可以省略复杂且无效的说理过程。

高老师：另外，我想让学生选择自己喜欢的方式创造一组平行线，更开放。学生可以选择用方格纸画一组平行线，在说道理时可以巩固：平行线间的空格数一样多。也可以选择在白纸上画一组平行线，如果学生随手画的，也可以让学生辨析原因，从而揭示用平移三角板的方式来画一组平行线的方法。当然，学生也可以采用折一折的方法来创造一组平行线。

涂老师：是的，教师需要在学生已有的知识经验的基础上展开教学，如果学生需要蹦一蹦就能摘到果子，我们可以给予学生更多的探索机会，相信学生。

教师在使用教材时，不能盲目机械地依赖教材，而应创造性地使用教材，取教材之长，补教材之短，充分发挥教材的积极作用。如果把教材比作演出的脚本，那么教师就是教材的主人，要想有精彩的演出，就需要在脚本的基础上进行"再创作"，结合教学实际，进行调整与改造，选择出适合学生学习的教学素材。

以下是高思思老师经过反思研修，调整后的教学设计。

【第二次教学设计】

（一）创设情境，引入新知

1. 回顾旧知识，感知平移现象

看到这两幅图，你们想到了什么词？（板书：平移）谁能说说窗户和国旗分别是怎样平移的？（学生交流：窗户在左右平移，国旗在上下平移。）

（观看阅兵视频）看到这样的阅兵仪式，你有什么感想？为了庆祝新中国七十华诞，10月1日将举行举世瞩目的阅兵仪式，让我们一起期待吧。我们仔细看看士兵方阵，他们是在做怎样的运动？

其实，咱们今天要学的知识就藏在这些平移现象里。

2. 动手操作，模拟平移现象

同学们，你能用小棒代替这一排士兵，在方格纸上模拟士兵的平移吗？请看要求。（播放操作小视频）

（学生动手操作，全班汇报：把小棒向（　）方向平移（　）格。）

3. 对比交流，体会平移特点

（课件出示：机灵狗平移后的图片：小棒歪了，没在线上）瞧，机灵狗说："平移？我也会！"看到这幅图，谁有什么话想对它说？

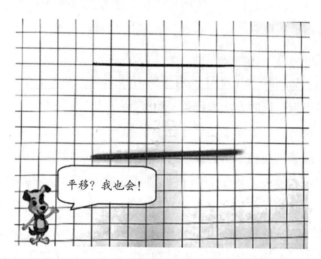

图9

歪了怎么就不是平移了？咱们今天是在方格纸上做平移，谁能用数格子的方法给机灵狗讲讲道理呢？我们一起数一数。这两点之间的距离，几格？再往后看看，到这儿呢？现在你会怎么对机灵狗说。

小结：平移前、平移后两条线之间的空格数都要一样多。

4. 观察验证，巩固平移特点

你能用数格子的方法来验证一下这两位同学的作品吗？这两点之间的距离，

几格？请你也用数格子的方法验证一下你自己的作品。

5. 直观演示，理解平移本质

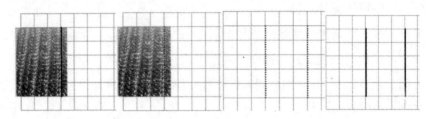

图 10

如果把这排士兵看成一条线，那么这条线上所有的点都要向士兵一样守纪律，每个点都要向同一个方向移动相同的距离，每一处之间的空格数都要一样多，这样才算是平移运动。

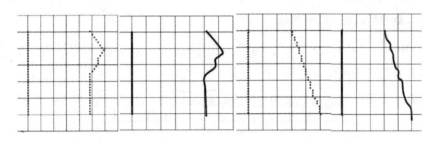

图 11

如果有的点不遵守纪律，移动之后可能会这样，或那样，这就不是平移了。

你们听明白了吗？你们发现了平移的秘密了吗？（平移前后，两条线之间的空格数总是一样多；每个点都要向同一个方向移动相同的距离，每一处之间的空格数都要一样多。）

设计意图：通过模拟平移现象，直观演示每个士兵的运动，理解平移的本质特征：平行线间的距离处处相等。

（二）沟通联系，探索新知识

1. 沟通联系，揭示平行概念

（课件平移动画）在数学上，我们把像这样平移前、平移后这两条线的位置关系叫作平行。（板书：平行）

数学中，我们把直线 *AB* 和直线 *CD* 称为一组平行线，我们可以说直线 *AB*

和直线 *CD* 互相平行。

2. 想象交流，体会平行的特点

你觉得平行线有什么特点？

想象一下，如果把这两条线无限延伸，冲出了大屏幕、继续延伸，冲出了黑板，冲出了我们的教室，延伸到了太空中，它们会怎样？（永不相交）

为什么永不相交？（它们之间的空格数一样多，一直延伸下去，空格数还是一样多）

我们来看看机灵狗摆的，如果把这两条线也延伸，想象一下会怎样？谁来告诉他，延伸后会怎么样？（会相交）（课件演示）

小结：平行线之间的空格数一样多，永不相交。

（三）巩固应用，加深认识

1. 找一找图形中的平行线

下面咱们玩个小游戏吧：三角形大变身。待会儿，你在图中找到一组平行线，就喊停，听明白了吗？

（课件动态演示：一个三角形平移后得到的图形）

图 12

（学生画出两组平行线）

图 13

（课件继续动态演示：三角形再次平移后得到的图形）

（学生画出 3 组平行线）

提问：这两条线，一条长，一条短，也互相平行吗？

是的，在线的王国里，我们可以把这两条线想象成直线，可以向两端无限的延伸，它们会相交吗？两条线是否平行，与这两条线的长短有关吗？

（课件继续动态演示：三角形多次平移后得到的图形）

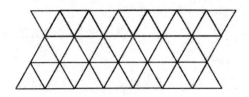

图 14

你发现平行线了吗？赶紧拿出作业纸，画一画吧。

设计意图：动态演示三角形的平移运动，体会平移前后两条线的位置关系：互相平行。

2. 找一找生活中的平行

师：在生活中，你还能找到这样的平行线吗？

学生举例（双杠、门框、旗杆等）

3. 动手操作，创造一组平行线

刚刚同学们找到了很多组平行线，你们想不想自己动手创造一组互相平行线？老师这里有一些素材，（课件出示：方格纸、白纸、直尺、三角板）请同学们从中选择材料，通过折一折或画一画的方法创造一组平行线。

折一折、画一画，得到一组平行线。

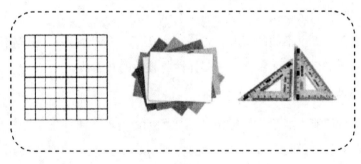

图 15

（学生动手操作，教师巡视，全班交流）

（1）方法一：方格纸上画一组平行线。

（2）方法二：折一折。

交流：你是怎样折的？说清折的方法、谁和谁互相平行。

（3）方法三：白纸上用两把尺子画平行线。

交流：请你来介绍一下你是怎样画的。

你的想法太好了，原来只要把三角板平移就能得到平行线。这多像我们刚刚的三角形大变身的活动呀。

你刚才是在白纸上凭感觉平移三角板，有什么好办法让三角板做标准的平移运动？我们可以借助一把直尺。

（小视频展示画法：①左手固定直尺；②用三角板的任意一条边紧靠直尺；③沿三角板的其中一条边画直线；④沿直尺平移三角板；⑤沿三角板的这条边再画一条直线。）

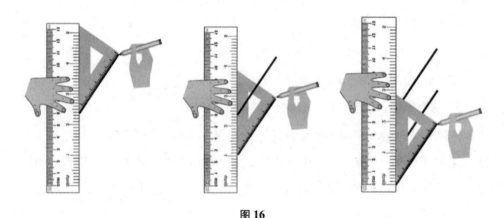

图 16

明白了吗？想试一试吗？用在白纸上试一试吧。

设计意图：提供不同的素材，让学生经历折一折、画一画等丰富的操作活动，创造一组平行线，注重方法的多样性与教学的开放性。

4. 联系生活，解决问题

运用平行还能不能帮我们解决生活中的问题呢？（课件出示画框图）淘气买了一幅美丽的风景画，打算挂在客厅，瞧，画框挂正了吗？你能用学到的知识说明其中的道理吗？小组互相讨论一下。

你能用学到的知识说明其中的道理吗?

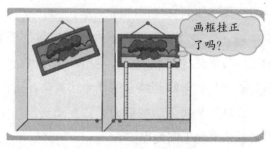

图 17

第一幅为什么歪了?(画框的下边到地面的距离不相等)(课件出示方格纸)如果把它放在格子纸上,也就是说这两条线之间的空格数不一样多。

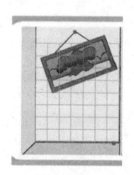

图 18

第二幅为什么正了?(画框的下边到地面的距离的相等)如果把尺子变成格子,我们会发现这两条线之间的宽度处处相等,所以这两条线互相平行。要想画框挂正,就是要让这两条线互相平行。

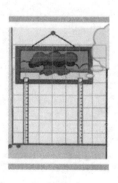

图 19

（四）课堂小结，交流收获

通过今天的学习，你有什么收获？

这一次的教学实践，教学效果良好。教师在教学时，能够深入研读教材，对教材进行灵活的调整与创造，把握知识的本质，设计出适合学生学习的学习路径，呈现了一节开放性与数学味相结合的课堂。教师在研读教材中，通过提出问题、分析问题，提高了解决问题的能力，在互动交流，反思内化，再次实践中，促进了自身教学水平的不断发展。

比较图形的面积

九江市双峰小学　王　芳

【教学内容】

北师大版《义务教育教科书·数学》五年级上册第49～50页。

【教学目标】

（1）借助方格纸，能直接判断图形的面积大小，初步体验数方格及割补法在图形的面积探究中的应用，积累探索图形的面积的活动经验。

（2）通过观察、比较、交流、归纳等活动知道比较图形的面积大小方法的多样性。

（3）体验图形形状的变化与面积大小变化的关系，发展空间观念。

【教学重点】

选择合适的方法比较图形面积。

【教学难点】

用割补法比较图形面积。

【教学过程】

（一）课前游戏

师：同学们，课前咱们一起玩俄罗斯方块的游戏吧！

（二）游戏激趣导入课题

1. 观察

师：开心过后，想一想：在俄罗斯方块的游戏中有和数学有关的知识吗？

生1：游戏中的图形通过平移和旋转能到达想去的位置。

生2：俄罗斯方块中出现的图形面积都相等。

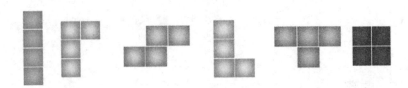

图1

师：你怎么知道每个图形的面积相等？

生3：每个图形都是由4个大小一样的方格组成的。

师：在有趣的小游戏中，同学们不仅能通过平移和旋转让图形运动起来，还能通过数方格的方法发现这6种面积大小都相等。

2. 揭示课题

师：今天这节课，我们就要用数方格等多种方法来比较图形的面积。（板书课题：比较图形的面积）

评析：数学需要创设学生喜欢的、丰富多彩的情境激发学生学习的需求。俄罗斯方块的游戏巧妙地将学生带入数学学习的课堂，让学生感受数学价值的同时，为新课学习做好铺垫。

（三）实践操作探究方法

1. 出示主题图

师：这里有些什么平面图形？什么是图形的面积？

2. 用观察法比较图形面积

师：你能快速观察出哪些图形面积的大小关系吗？（板书：观察法）

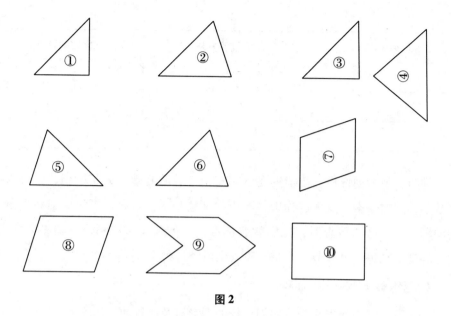

图 2

生 1：我发现④号图形面积明显大于③号图形面积。

生 2：我发现⑦号图形面积明显大于①、②、③号图形面积。

生 3：我发现⑧、⑨和⑩号图形面积明显大于前面七个图形面积。

3. 猜测验证

师：正如大家所说，它们的面积大小非常明显，能够通过观察快速比较出它们的面积大小。还有一些平面图形的面积大小不是很明显，你可以预测一下吗？

生 1：我感觉①号图形面积＜②号图形面积。

生 2：可能⑧号图形面积＝⑨号图形面积＝⑩号图形面积。

生 3：感觉②号图形面积＝⑤号图形面积＝⑥号图形面积。

师：看来同学们有很多想法，这些图形面积大小比较接近，仅靠观察你觉得严谨吗？接下来我们进入验证环节，看看我们的预判是否正确。需要什么工具来验证你比较的结果呢？

生 1：剪刀。

生 2：方格纸。

师：我们太有默契了，老师已经在学习袋中为大家准备好了剪刀、方格纸以及这十个图形，两人合作比较，请把你们比较的方法和最终的结果记录在表中。

表1

比较的图形	比较的方法	比较的结果

评析： 教师创设机会让学生在已有知识经验的基础上大胆猜想，主动参与到数学知识的探索、发现过程中，经历验证猜想的全过程。当学生对将要解决的问题具有自己的猜想时，他们就会把自己与问题紧密联系，主动参与学习，关注验证活动每一个环节，全身心投入到活动过程中。

4. 用重叠法比较图形面积

师：哪一组小伙伴来交流你们比较的图形以及比较的方法。

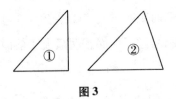

图3

生1：我们验证了①和②的面积，把①叠放在②上，②多出了一部分（一个三角形），所以②面积比①大。

师：这种方法叫作重叠法，大家也用重叠法试一试吧！（板书：重叠法）

（学生动手操作验证）

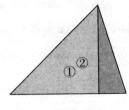

图4

师：你们还用重叠法比较了哪些图形的大小？

生1：我用重叠法比较了①和③，它们面积相等。

生2：我把②、⑤和⑥三个三角形重叠在一起，它们完全重合，面积一样大。

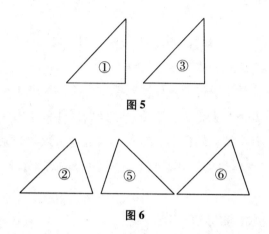

图5

图6

师：刚才没有比较①和③、②⑤和⑥的同学，用重叠法比一比吧！

（学生动手操作验证）（板书：① = ③　　② = ⑤ = ⑥）

师：用重叠法比较图形面积这个方法你觉得怎样？

生：用重叠法比较图形面积很方便快捷，但是如果不能把图形剪下来就没有办法把它们重叠在一起。

5. 用数方格比较图形面积

师：你还用了别的方法比较图形的面积吗？

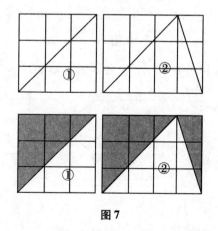

图7

生1：我是用数方格的方法比较了①、②号的面积。我把①②号图形分别放在方格纸上，先数整格再数半格，①是4.5格，②是6格。

生2：我也用数方格的方法比较了①、②号的面积。①号面积是大正方形面积的一半，也就是 $3 \times 3 \div 2 = 4.5$，②面积是大长方形面积的一半，也就是 $4 \times 3 \div 2 = 6$。

（两名学生分别上台，在屏幕上写一写画一画，交流数方格的过程。全班同学选择一种喜欢的方法数一数。）

评析：教学中让学生通过个人独立思考后交流，找出比较图形面积大小的基本方法，即是数方格和重叠法。这是一个鼓励同伴分享的学习过程，教师为学生创造交流、质疑、解释的机会，有利于促进学生数学交流能力的发展和思考的深入。多媒体一体机的运用，展现出原生态的思维过程，明晰数方格的方法。

6. 用割补法比较图形面积

师：我们刚才用重叠法、数方格的方法比较了图形的面积大小，你还有别的方法吗？

生：我比较了⑨号和⑩号图形的面积。我把⑨号前面的三角形剪下来，拼在了后面缺少的部分，⑨号就拼成了一个和⑩号大小一样的长方形。（学生上台展示剪拼的过程）

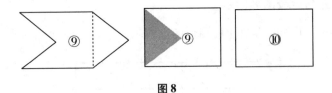

图8

师：想一想，像这样剪开行吗？这样一剪一拼的目的是什么？

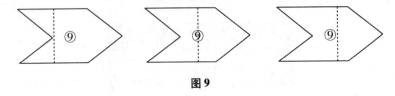

图9

（让学生动手剪一剪、拼一拼）

师：剪拼前后，图形的什么变了？什么没变？

生1：通过剪拼，我们把不规则的⑨号图形变成了长方形，比较起来更加方便。

生1：图形的形状变了，面积没有变。

师：同学们介绍的这种方法，智慧老爷爷有话要说，小声快速地读一读。"分割""移补"指的是什么？这就是数学上的"出入相补"原理，也就是割补法。（板书：割补法）

像这样的分割、移补后，图形的面积没有改变。这就是数学上的"出入相补"原理。

图 10

比较哪两个图形的面积运用割补法比较方便？

生1：⑧号和⑩号可以用割补法比较。

（让学生用割补法比较⑧号和⑩号）

生2：我们把⑧号图形用割补法拼成了长方形，它的面积和⑩号一样大，⑧＝⑨＝⑩。

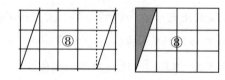

图 11

评析：教师结合学生的实际情况，呈现了比较图形面积大小的另一种思路——割补，目的是体会割补法在比较图形面积中的作用，并鼓励学生借助多样化的方法，开展丰富的探索图形之间的面积关系的活动。通过剪一剪、拼一拼、说一说等形式多样的数学活动，渗透"出入相补""转化思想"等面积探究中经常用到的数学方法，同时积累数学活动经验。

7. 小结

师：比较图形的方法有很多，今天我们重点研究了重叠法、数方格和割补法比较图形的面积，根据图形的特点，灵活选择比较的方法。

（四）拼图游戏拓展延伸

1. 活动要求

师：刚才我们对这 10 个图形的面积大小有了进一步了解，接下来，我们继续利用手中的这十个图形拼一拼，在拼的过程中找到图形面积之间的加、减、乘、除的关系。（课件）

2. 示范引领

师：我选中了①和③，拼一拼，想一想，①和③能拼成什么图形？

（学生利用手中的①和③图形拼一拼并汇报）

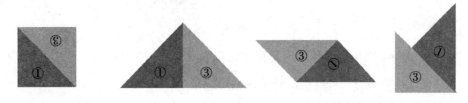

图 12

师：刚才①和③拼成了正方形、平行四边形、大三角形。请你观察一下，拼成的图形与图形①和③的面积之间有怎样的关系？

生 1：图①的面积 ×2 = 拼成的正方形、平行四边形、大三角形。

生 2：除法。拼成的图形面积 ÷2 = 图①的面积。

生 3：加法。图①的面积 + 图③的面积 = 拼成的图形面积。

师：活动要求现在明白了吗？接下来是大家一展身手的时候。和同桌利用手中的 10 个小图形一起拼一拼、说一说吧！

生：⑤和⑥组合。

师：我好像发现了件事，⑤和⑥正好就是谁？

生：⑤和⑥拼在一起正好和图⑧相等。也就是说图⑤的面积是图⑧的二分之一。

师：还可以怎样说图⑤、图⑥和图⑧的关系呢？

评析：通过"加减乘除"游戏找出图形的面积之间的相等关系、倍数关系，一方面使学生知道多种比较图形面积的方法，渗透转化思想，另一方面也为学生探索基本图形面积计算打下基础。交流时注重学生能够清楚表达自己的做法，"图⑤和图⑥拼在一起正好和图⑧相等。也就是说图⑤的面积是图⑧的二分之一"。这就从新的角度去比较图形面积之间的关系，即两个图形的面积和与另一个图形的面积有相等的关系。

师：老师也做了个减法。看到这幅图，你想说什么？

生：都相等，大的长方形减去小的三角形就是涂色部分。

图 13

评析：让学生体会形状变化而面积不变的事实，培养学生图形的转化的思想，为后续运用转化思想学习面积计算公式的推导和组合图形学习埋下伏笔。

师：今天这节课你有什么收获？

师：这节课我们学习了灵活运用多种方法比较图形的面积，这节课的学习将是本单元研究多边形的面积的一把金钥匙。

（五）总评

"比较图形的面积"这节课是北师大版五年级上册第四单元的内容。是在学习图形的面积探究之前的内容，也是新增加的内容。本节课要使学生借助方格纸能直接判断图形的面积的大小，同时教会学生运用合理简单的方法，帮助学生体会到割补、转化等是图形的面积大小比较的方法以及图形形状变化与面积的关系。整节课，教师调动学生的多种感官积极参与活动，建立图形的面积关系的探究，体验转化的数学思想方法，积累初步的活动经验，发展学生的空间观念，充分体现"让学生亲身经历探究过程"这一理念。

理解教材编写意图 尊重学生认知规律

——"认识角"教学实录与评析

九江市双峰小学 涂俊珂 高思思 袁爱梅

【课前思考】

"认识角"是北师大版小学数学二年级下册第六单元认识角第 1 课时的内容。这是学生认识角的起始课,在这之前,学生已经初步认识了长方形、正方形、三角形、圆等平面图形。

角,对于二年级学生来说并不陌生,在生活中也能接触到。但学生对角的表象往往是片面的、模糊的。根据试教的经验,常常会有学生认为"牛角""三角形"等是角,而数学中的角是一个抽象的图形。那么,学生心目中的角是不是数学中的角呢?这个问题油然而生,也让我们思考:学生的学习起点在哪里?

数学教学不仅要关注学情,尊重学生的认知规律,还需要关注教材的编写意图。我们想聚焦这节课的核心问题:如何把握角的定义?如何帮助学生建立关于角的正确表象?

其实,角的定义分为静态定义和动态定义。静态定义:具有公共端点的两条射线组成的图形叫作角。这个公共端点叫作角的顶点,这两条射线叫作角的两条边。动态定义:一条射线绕着它的端点从一个位置旋转到另一个位置所形成的图形叫作角。

通过对教材的分析,我们发现教材既呈现了剪刀、钟面这样的动态角素材,也呈现了红领巾这样的静态角素材,可见,角的概念要在动静结合的操作实践活动中建构。

带着这样的思考，我们确定了以下学习目标。

（1）结合生活实际，经历从实际物体中抽象出角的过程，直观认识平面图形中的角，知道角的各部分名称。

（2）结合直观操作活动，培养学生的观察能力，动手操作能力，初步发展空间观念。

（3）结合学习活动，进一步体会数学与生活的联系，提高学习数学的兴趣。

【课堂再现】

（一）开门见山，揭示课题

师：同学们，今天我们一起来认识一种新的图形：角。（板书：认识角）

（二）探究新知

1. 第一次画角，辨析角，感受角的特征

（1）描一描、画一画：画出孩子心目中的角。

师：角是一种怎样的图形呢？谁来说一说，你心目中的角是什么样的？（学生说老师板书关键字）

生：奇形怪状的。

师：哦，角的形状不同。

生：三角形。

师：嗯，这是你的想法。

生：两条边连在一起，看起来尖尖的。

生：三角板上有角。

师：你真善于观察，原来物体表面上也有角。

师：老师很想知道每个同学心目中的角是什么样的，请同学们把你刚刚说的心目中角的样子画下来，如果你像刚刚这位同学那样，在物体表面上找到了角，也可以想办法描下来。提醒一下：同学们只需要用黑色水彩笔在这张作业纸上画一个角或者描一个角。听清楚要求了嘛？开始吧。

学生画角并把作品贴在黑板上，老师拍照，希沃授课助手上传反馈。

学生作品：

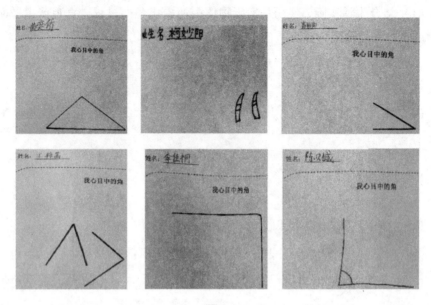

图1

师：哦，原来你们心目中的角是这样的，不过老师要告诉你们，同学们画的图形有的是数学中的角，有的却不是哦！听了老师的话，你有什么问题要问吗？

生：什么是数学中的角？

评析：通过说一说、画一画、描一描学生心目中的角，了解学生的学习起点，为后续辩一辩"学生心目中的角是不是数学中的角"提供真实而生动的教学素材，做到真正的以学定教。

（2）展示数学中的角，初步感知角的特点。

师：是呀，数学中的角究竟是什么样的呢？让我们一起到角的王国去看看吧！（课件呈现铅笔在七巧板上抽象出来的角）

图2

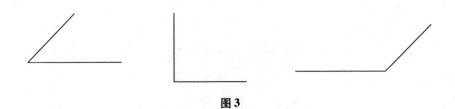

图3

师：快说说，数学中的角有什么特点？

生：没有封口。

师：你说的那个口子在哪儿？请你指一指。哦，原来我们今天学的图形是有张口的。

生：有两条直线，两条直线连在一起，没有缝隙。

师：是呀，两条直直的线连在一起，一点缝隙都没有，看上去尖尖的。

生：一个尖尖的地方和两条直直的线。

师：是的，数学中的角就像你们说的那样，有一个尖尖的地方和两条直直的线，刚刚那位同学的感觉很对哦！这回同学们心目中角的样子又多了一个特点。（板书）

师：请同学们伸出小手像这样描一描角的样子。（课件呈现小手描一描角的过程，边描边说：这就是数学中的角）

师：现在请同学们闭上眼睛，想象一下角的样子，它有一个尖尖的点和两条直直的线。

评析：学生带着疑惑：什么是数学中的角，观看铅笔在七巧板上抽象出角的过程，目的性明确，又可以在看一看、说一说、描一描、想一想等活动中，不断地更新学生心目中角的样子，感知角的特点。

（3）辨析孩子们心目中的角，进一步感知角的特点。

师：想好的同学睁开眼睛，看看同学们刚才画的图形，哪些图形不是数学中的角呢？谁来指一指，为什么？大家同意他的说法吗？（使用赣教云中的聚焦功能）

① 作品 1：

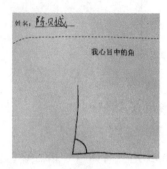

图 4

生：它不是数学中的角，因为线不直。

师：观察真仔细，请你把这个图形移出角的队伍好吗？

师：老师现在想问问这位小作者，如果再让你来画，你有什么办法可以把角的两条线画直一点。

生：可以用尺子来画。

师：真是个好办法。

② 作品 2：

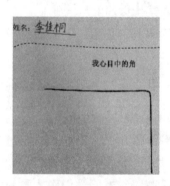

图 5

生：它不是数学中的角，因为这个地方不尖。

师：（出示学生描角的图片）同学们，瞧，他是怎么得到这个角的？

生：用数学书描角。

师：是的，描角也是个好方法，但是要注意什么？

生：要把角描得尖尖的。

师：是呀，不仅要把角的两条线描得直直的，还要把角的这个地方描得尖尖的。

③ 作品3：

图6

生：它不是数学中的角，因为数学中的角要有两条直直的线，它有三条直直的线。

师：是呀，这个图形，我们学过吗？是什么图形？

生：三角形。

师：是呀，三角形和角可不一样。请你把这个图形移出角的队伍好吗？那同学们心目中角的样子：三角形，可以擦掉了吗？

生：可以。

④ 作品4：

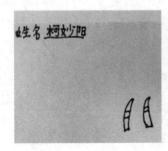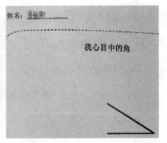

图7

生：这不是数学中的角，它是牛角，它没有两条直直的线。

师：真是个可爱的小朋友，牛角虽然尖尖的，可是没有两条直直的线哦。

⑤ 作品 5、作品 6：

师：那剩下的这些都是？数学中的角，为什么这些图形都是数学中的角？

生：因为它们都有：一个尖尖的地方和两条直直的线。

评析： 学生经历暴露心目中角的样子，初步感知数学中的角等活动后，再次审视自己心目中的角，通过交流和辨析，一层一层地揭开角的面纱，在学生的头脑中逐步形成角的正确表象，感知角的特点。只有基于学生已有的认知经验，创设适合学生学习的学习路径，这样才能做到真正地尊重学生。

2. 眼力大比拼，再次辨析角，明晰角的特点

师：这下，你们知道数学中的角长什么样了吗？下面我们玩个小游戏，眼力大比拼，请同学们用手势告诉我，它是角吗？是的打钩，不是的打叉。准备好了吗？

（课件：出示剪刀、钟面、扇子、三角板，依次抽象出角，请学生判别）

（1）剪刀

师：它是角吗？谁来说说为什么它是角？

生：是角，因为它有一个尖尖的点和两条直直的线。

师：它是角吗？你是怎么看出来的？

生：不是角，因为它没有一个尖尖的点。

师：它是角吗？说说你的理由。

生：不是角，因为它有一条线是弯的。

评析： 剪刀是一个非常好的教学素材，剪刀的张口能够形成一个角，但是剪刀的手柄、剪刀头等部位都不是角。教师在使用教学素材时，做到了物尽其用，让学生多角度的观察，巩固角的特点。

（2）钟面动态呈现角

师：它是角吗？谁来说说为什么它是角？

生：是角，因为它有一个尖尖的点和两条直直的线。

师：哦，原来指针转动可以形成角。

（3）扇子动态呈现角

师：它是角吗？谁来说说为什么它是角？

生：是角，因为它有一个尖尖的点和两条直直的线。

师：哦，原来打开扇子也可以形成角。

评析：钟面、扇子动态呈现角，让学生初步感知角的形成过程，拓展学生的数学思维，让学生在丰富的角的素材中感知角的特点。

（4）三角板（沿边缘描出三角形，让学生判断）

师：它是角吗？

生：不是，因为它由三条线组成。

师：是呀，角是由两条直直的线组成，那它是什么图形？三角形。

师：在三角形中能找到角吗？

生：在三角形中可以找到三个角。（学生上台指一指）

（课件演示）是这样的吗？

3. 第二次画角，巩固角的特点

（1）教师用三角板描角、画角

师：同学们，三角板是帮我们画角的好工具呢！你们看！

师：既然三角板上有角，我们就可以描一个和它一样的角。（师描角）

师：描的时候，注意哦，一定要描出尖尖的地方和两条直直的线。

师：当然，我们也可以利用三角板上直直的边，画一个角。我在这里画一个角，可以吗？（师在黑板上画1个尖尖的点）仔细看，画角时要从这一点出发，画一条直直的线，再从这一点出发，朝另一个方向再画一条直直的线，这样一个角就画好了。（师画角）

评析：角是由一个顶点和两条边组成的。角的顶点决定了角的位置，角的两条边决定了角的样子。教师在教学生画角的过程中，能够用简洁的语言表达角各部分的作用，对角的认识有自己独特的见解。

（2）学生第二次画角

师：同学们，你们想不想试一试，再画一个数学中的角，看看这回同学们的画角有没有进步。

学生画角，教师巡视：

师：这位同学的角画得真好，送你一朵小红花。（盖章）

师：画完的同学可以给同桌看看，如果画得好话，同桌可以送你一朵小红花哦。如果你发现他画得不够好，也可以帮帮他哦。

反馈：

师：画好的同学，把你画的角举起来。哇，这一回同学们画的角都非常好，一学就会，真不错，掌声送给自己。

评析：如果说第一次画角是呈现学生已有的知识水平，那么第二次画角就是对学生已有的知识进行更新。教师采用盖小红花的方式，让学生做个小老师，调动学生学习的积极性。

4. 认识角各部分的名称，给角做标记

师：同学们，其实咱们画的尖尖的地方，直直的线，都有名字呢，想不想知道？

（1）播放微课

微课脚本：嗨，大家好，我是一个角（出现一个角），这些是我的兄弟姐妹们（出现多个角）。虽然我们长得不一样，但我们都是一家人。瞧，（蒙层，放大一个角）我们都有一个尖尖的顶点（出现手指顶点，顶点闪烁，好听的音效），还有两条直直的边。（出现手指边，边闪烁，好听的音效）看清楚了吗，（去掉放大的角和蒙层）每一个角都由一个顶点和两条边组成。（顶点、边闪烁）这么多的角在一起，为了方便称呼，我们都有自己的名字呢。瞧，（蒙层，放大一个角）在靠近顶点处，画一条弯弯的小弧线（铅笔画弧线），标上数字，这样，我的名字记作：∠1，读作：角1，（不同声音）我的名字记作：∠2，读作：角2，我的名字记作：∠3，读作：角3。（出现角的动态演示，标角）仔细看哦，无论我们长什么样，名字里都有这个统一的符号，（蒙层，放大角的符号）角的符号是我们"角"这个大家族的标志。伸出你的小手，我们一起来写一写。先写一条斜斜的、短短的线，再写一条平平的、短短的线，这就是角的符号。（铅笔写角的符号）如果你看到这样的（<）（某种音效），或者这样的（>）（某种音效），或者这样的（^）（某种音效），都是假冒的哦（盖3个章：假冒角）。

（2）标角：黑板上教师画的角

师：同学们，看完了这段视频，你知道了什么？

生：我知道了角的顶点和边。

师：请你上来指一指角的顶点和边。（师板书：顶点、边）那这个角呢？

师：那一个角由几个顶点和几条边组成？（板书：角有一个顶点和两条边。）

师：谁能像这样说一说，全班一起说。同学们，除了知道角各部分的名称，你还知道了什么？

生：我知道怎么标角。

师：请你上来标一标。记作：∠1，读作：角1。仔细看，他写的角的符号，对了吗？那这个角呢？

（3）标角：学生自己画的角

师：请同学们也像这样，在你画的角上写出角各部分名称，并给你画的角取个名字。写完后，可以和同桌说一说，如果你写对了，同桌也可以送你一朵小红花呢。

学生作品：

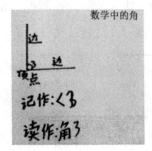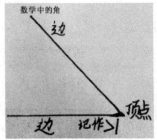

图8

评析：以微课的形式介绍角各部分的名称、读法和写法，学会标角，可以激发学生学习的积极性，学生看得更加专注。从图8的学生作品中可以看出，学生容易把角的符号写成小于号，或者认为角的符号与角的样子一致。面对这样的学情，教师在微课中呈现"假冒角"，以趣味性的语言提醒学生关注角的符号的写法，关注学生的易错点，做到以学生为中心。

5. 在教室中找角，感受数学来源于生活

师：同学们，数学来源于生活，大家看一看，我们的教室里有角吗？

生：我在数学书上找到了角。

师：老师这儿有个活动角，瞧，它的两条边可灵活了，请你用活动角把你找到的角表示出来。（学生表示好后，教师及时投屏）

师：同学们，你们想试试吗？听清活动要求：每人在教室里找到一个角，并用活动角像这样把你找到的角表示出来，然后和同桌说一说：你在什么物体的表面上找到了角？听清楚了吗？现在请同学们从抽屉里拿出信封，取出活动角，开始找角吧。

学生下位找角，老师巡视，拍照，希沃授课助手上传反馈：

师：我们一起来看看同学们找到的角。请这位同学介绍一下，你在什么物体的表面上找到了角？

师：同学们的眼睛真是厉害，在教室里找出了这么多的角。其实在我们生活中，角随处可见！今天回家后在家里找一找，把找到的角介绍给爸妈看。

评析：角在生活中随处可见。但是，如果让学生指角，那么方式就多种多样了。大部分学生会指着角的一个顶点，少部分学生会描一描角的两条边，还有少部分学生会用小弧线表示角。经过一节课的学习，如果学生仍然指着角的一个顶点来表示角，那么说明学生可能不清楚指角的方法。因此，教师借助学具：活动角来表示找到的角，这样既可以感受角的动态形成过程，又可以直观形象地呈现学生找到的角。

（三）巩固练习

师：好，现在请同学们坐好，让我们一起静静回顾一下今天的数学之旅。

首先，我们通过描一描、画一画画出了你们心目中的角，接着通过辩一辩感受了角的特征，再通过认一认，知道角各部分的名称，会给角做标记，最后通过找一找，找到了教室里的角。

师：通过今天的学习，现在你有信心接受来自角王国的挑战吗？

1. 在下面的图形中各找出三个角，标一标

师：请同学们把书打开，翻到第 62 页，找到这道题。像这样标一标，如果你能找到更多的角，也可以标出来。

（1）反馈：

师：同学们，让我们一起来看看这位同学完成的情况。（投屏 1 个学生的作品）

① 五角星

师：他标对了吗？

生：标对了。

师：你能快速知道他标了几个角吗？你是怎么知道的？

生：他是按顺序标的，一眼看出来有 10 个角。

师：真是个好办法！像这样按顺序标的同学挥挥手。

② 六边形

（2）预设：

师：他标对了吗？

生：对了。

③ 桥

师：他标对了吗？

生：标对了。

师：那这是角吗？

生：不是，因为另外一条边不是直直的。

师：第一关挑战成功的请挥挥手。

2. 打泡泡

师：这一关，要请出我们的有力武器：活动角，我们用它来打泡泡。看，导弹发射的方向与这条平平的边组成了一个角。打泡泡时，这条平平的边不动，另一条边对准泡泡发射。现在我们就用活动角来指挥导弹消灭泡泡好不好。

师：全体准备，开始！准备发射。

（一起玩游戏，感受角的开口变化）

师：啊，我们成功了！真开心呀！在刚刚打泡泡过程中，角发生了什么变化？

生：活动角一会儿变大，一会儿变小。

师：原来，角是有大有小的。其实，关于角的知识，还有很多很多，就留到我们以后去探索吧！

评析：用活动角当作导弹来打泡泡，不仅可以让学生感受角的开口变化，初步感知角的大小，而且以游戏的形式进行教学，能够激发学生学习的兴趣，活跃课堂气氛。

【课后反思】

叶圣陶说过，教学有法，教无定法，贵在得法。在教学时，能够回到儿童的认知原点，弄清楚学生现在在哪里，进而确定学生的最近发展区，这样才能够读懂儿童，更好地帮助学生构建知识体系，做到真正地尊重儿童。另外，能够理解教材的编写意图，并让学生经历知识的形成过程，在教学中触及数学知识的本质，这样才能不断地发展学生的数学思维。

《认识图形》案例与评析

九江市双峰小学　黄　凭

【教学内容】

新世纪小学数学第二册教材第 36、37 页。

【教学分析】

《认识图形》一课是第二册第四单元的教学内容，它与传统教材的编排有所不同。传统教材先让学生认识平面图形，再认识立体图形。而在现实生活中，学生更早更多地接触的是物体，因此本教材的安排刚好与传统教材相反，先让学生认识立体图形，再认识平面图形，符合现实生活规律。这样，在教学中就非常有必要让学生体会到"面在体上""面从体来"的思想。根据一年级学生的年龄特点，应该结合具体、相关的活动进行教学，让学生体会到这些平面图形在生活中是相当多见且非常有用的。

【设计思想】

本教学设计从学生搭积木游戏展开，创设情境，激发学生兴趣。让学生经历了尝试、操作、探究和分析等过程，使学习数学成为每个学生真正意义上的内在需求和追求。同时，学生经历从探索中发现，从发现中体验，从体验中发展的过程，感知数学来源于生活、服务于生活，体会到学习的快乐。

【教学目标】

（1）感知长方形、正方形、圆和三角形的特征。

（2）初步体会解决问题的方法和策略的多样性，发展空间观念和创新意识。

（3）引导学生在实际操作中体验学习数学的乐趣，激发学生积极探索新知识的愿望。

【教学重点】

感知长方形、正方形、圆和三角形的特征。

【教学难点】

让学生体会"面在体上"。

【教具准备】

长方体、正方体、圆柱、三棱柱模型，印泥，记号笔等。

【学具准备】

白纸，印泥，水彩笔，积木盒/组。

【课前准备】

把长方形、正方形、圆和三角形用粉笔描画在黑板上，再用相应的物体模型粘贴覆盖在描画好的图形上面，便于课中操作时取下物体模型就能直接把面留在黑板上。

【教学过程】

（一）谈话激趣、创设情境

1. 认识积木的形状

教师先了解学生平时喜欢玩什么玩具，然后出示自己小时候最心爱的玩具——积木，激发学生想玩积木的欲望，再让学生打开盒子，认一认积木的形状。

师：我的积木就藏在盒子里，每位小朋友从盒中拿出一块积木，说一说你手中的积木是什么形状的？

学生分别举起积木，说出长方体、正方体、圆柱、球、三棱柱。（如果学生说不出"三棱柱"的名称，教师这样介绍：还有谁拿的是这种形状的积木？在数学王国里，它的名字叫"三棱柱"。）

评析：抓住学生对积木感兴趣的契机，引领学生发现新知识，调动学生的积极性，营造一种轻松和谐的氛围，让学生主动进入学习状态。

2. 搭积木比赛

师：下面，我们要进行一次搭积木比赛，要想让比赛顺利进行，先请听比赛规则：

（1）小组合作搭建一座楼房，比一比哪一小组搭的楼房又高又稳。

（2）音乐响起比赛开始，音乐停止比赛结束。

让学生重复比赛规则，然后开始比赛，教师巡视小组合作情况。

比赛结束。

师：数一数，你们组搭的楼房有几层？

组1：我们组搭的楼房有四层。

组2：我们组搭的楼房有七层。

组3：我们组搭的楼房只有一层。

……

各小组汇报结果，教师宣布××小组搭的楼房最高，获得本次比赛的第一名。

师问组3：咦？你们组怎么只搭了一层呢？为什么这么多球都没用上呢？

组3：球容易滚动，搭不起来。

师：球容易滚动，这是真的吗？谁想试试？

指一名学生来试验，结果证实不依靠其他物体，球堆叠不起来。

师：真的，球搭不起来。还有哪些积木也可能搭不起来？

学生可能说到圆柱的侧面堆不起来，可能说到三棱柱一条棱朝上时堆不起来……

师：为什么其他组同学用的积木可以把房子搭得又高又稳呢？

181

（如果学生答不出来，教师提示：这些积木身上有什么秘密吗？）

生：我用的积木的面都是平的。

师：你们用的积木上有平平的面，所以楼房可以搭得高高的、立得稳稳的。

教师重新换一盒积木给组3。

评析：学生在愉悦的游戏中，经历、体验数学知识的形成过程，感悟平面的作用。整个数学活动充满乐趣，学生在趣中悟、在乐中学。

（二）探究新知、构建模型

1. 验证平平的面

师：每个小朋友从楼房上拿下一块你最喜欢的积木（要求把其他积木放进盒子里），积木拿在手上，摸一摸这些积木的面是平平的吗？哪些积木上有平平的面呢？

学生跟着教师一起验证积木上有平平的面，并从触觉上体验平平的面。

师：看来，在这些积木上都有平平的面。

评析：通过数学游戏，如搭一搭、摸一摸、想一想等系列活动，从体中抽象出"平面"，让学生初步感悟"面在体上"，并让学生感知生活中处处有数学。

2. 找图形

师：仔细看一看，这些平平的面是什么形状的呢？

生：长方形。

师：你在哪个物体上找到了长方形？

生：我在长方体上找到的。

师：哦，长方体上有平平的长方形。

（教师让学生跟着说一遍："长方体上有平平的长方形。"边说边移下黑板上的长方体，呈现出长方形，并板书名称：长方形。）

师：还有谁看到了不同形状的图形？也能像这样说一说。

学生完全有能力找出正方形、圆、三角形，教师依学生说的顺序，分别移下正方体、圆柱、三棱柱，并板书图形名称：正方形、圆、三角形。

师：这节课，我们一起来认识这些图形。（板书课题：认识图形）

评析：利用学生已有的生活经验和知识基础，通过"找图形"的活动，让学生对长方形、正方形、圆、三角形这四种图形的感识上升一个台阶。

3. 描图形

师：我已经把这些图形留在黑板上了，你们能想出好的方法把搭积木的图形留下吗？

学生可能会想到"画""描""印""剪""折"的方法。如果学生没有想出方法来，教师提示："看看课本中淘气给咱们出了什么好主意，阅读书上第36页。"再让学生归纳书中介绍的几种方法，拓宽学生的思维，学生可能由此会想出更多的方法来。

教师演示用"印"和"描"的方法把积木上的图形留在纸上。（a. 把三棱柱上的三角形印在纸上。B. 把圆柱上的圆描在纸上。）

师：选择积木上你最喜欢的一个图形，用你喜欢的方法把它留在纸上。完成后，根据图形的形状分类贴在黑板上。（教师边说边把三角形和圆贴在对应名称的下面）看哪个小朋友完成得又好又快。

教师巡视学生描印的情况，完成后请学生当小老师评出比较好的作品，并指出一些不足的地方，说说自己的意见和建议。（强调：描图形时线条要流畅）

评析：给学生创造独立思考的机会，让学生发现隐性数学知识，并根据学生课堂上出现的具体情况，教师灵活处理教学预案。这样的教学层面，既张扬了学生的个性，又突出了学生的主体性。

4. 记图形

师：今天我们认识了哪些图形？

生齐答：长方形、正方形、圆、三角形。

师：我们一起来记一记这些图形的形状吧！

（学生跟着教师边念儿歌边做手势）

儿歌：长方形长长的，正方形方方的，圆形圆圆的，三角形尖尖的。

让学生闭上眼睛再记一遍。

评析：根据学生的年龄特点和认识规律，教师以朗朗上口的"儿歌"来连接全课所学的数学知识，加深记忆，帮助理解，提高学生学习数学的积极性。

（三）联系实际、巩固模型

师：我们认识了这么多图形，在我们的身边，你能找到它们吗？

（要求学生回答："我在××物体上找到了××形"或"××物体的面是××形的"）

引导学生在自己的书桌上、书包里找，在教室里找，在课外生活中找。

小结：细心观察自己身边的事物，你们会发现图形与我们的生活是分不开的。

评析：数学源于生活，又用于生活。学生在经历的大量数学活动中认识了四种平面图形，再回归到现实生活中去解决问题，真切感受到平面图形在生活中的广泛应用，延伸了所学知识的内涵。

（四）全课总结

这节课你学的快乐吗？回家后，把你今天认识的图形说给爸爸妈妈听，也可以画给爸爸妈妈看，还可以指给爸爸妈妈瞧。

板书设计：

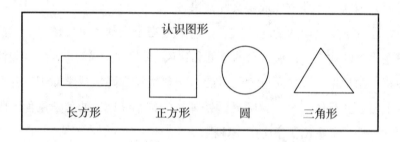

【课后反思】

"认识图形"这节课要完成的任务是，让学生体会到"面在体上"，对长方形、正方形、圆、三角形有一定的感性知识。整个教学过程力求遵循新课标新理念，体现以下几点：

1. 激发兴趣，让学生主动学习

根据一年级学生的年龄特点，教师充分利用学生的生活经验，抓住学生感兴趣的事物，把它带进课堂中，激发学生的兴趣，调动学生积极学习的兴趣，让学生主动地投入到学习中去。新课伊始，教师便与学生聊起了玩具，告诉他们我小时候最喜欢玩积木，这样很自然地就拉近了师生之间的距离。接着把玩积木的想法说出来，他们的兴趣一下子就上来了。这就为后面学生探索新知识奠定了一个良好的基础。

2. 从创设的情境中发现问题

小学生好动、喜欢玩游戏，这是孩子的天性。在游戏中，学生的心情愉悦，不知不觉进入学习状态，发现问题也愿意去思考，能收到良好的学习效果。因此，4人小组用各种形状的积木比赛搭一座楼房，看哪组小朋友的楼房搭得又高又稳。其中有一小组大部分积木形状是球，他们在玩搭积木的活动中体验到球容易滚动，堆叠不起来，并验证给每一位小朋友看。适时提出思考的问题：为什么其他小组的房子可以搭得高高的、立得稳稳的呢？学生很快得出结论：其原因是这些积木有平平的面。进而，通过学生"摸一摸"来验证、体验这些物体的面是平平的，唤起了学生探索各平面形状的欲望和兴趣。学习活动很自然地进入下一个环节。

3. 以学定教，给学生自由空间

《课程标准》指出：学生是数学学习的主人，教师是数学学习的组织者、引导者与合作者。当学生从各种物体上发现了长方形、正方形、三角形和圆后，教师让学生想出方法把积木上的图形留下，学生不受任何思维限制，有足够的时间去思考，学生创新的火花得以绽放。如果学生此时不能想出方法，或思维无法完全打开时，教师就选择让学生找身边的数学书帮忙，从中得到启示。总之，不要刻意去教学生这样做或那样做，而应该顺着学生的思维来"导"，真正做到让学生在开放的空间中自主学习。

4. 体现数学知识的严谨性

一个实实在在的物体对于学生来说是形象的，而物体上的一个面则是抽象的。把"面"从"体"上抽象出来，并让学生体会"面在体上""体上有面"是这节课的难点。教师在操作时必须严谨，不可以从积木上"撕"下来、"拨"下来、"砍"下来或"拿"下来，因为这样的操作取下的不是一个"面"，而是有一定厚度的、占据空间的"体"。所以，教师做了一个课前准备，把图形先描在黑板上，再将各立体模型覆在其上。课中操作时，教师把长方体、正方体、圆柱、三棱柱依次拿下后，长方形、正方形、圆、三角形各图形"留"在了黑板上，直接呈现在学生眼前，给学生留下了准确的第一印象，为后阶段进一步认识图形奠定了良好的基础。

5. 让孩子体会数学就在生活中，感受数学

在学习了新知识之后，学生在生活中寻找平面图形，孩子们明显很兴奋，他们都能感受到数学在生活中不仅很有用而且数学还很美！

不过，本节课也有一些值得我们思考的问题：

（1）学生玩积木游戏很兴奋，达到了预期的效果，可是在比赛结束时，还是有学生不能听指挥，一味地玩自己的积木，显得课堂有些乱。我想，对于低年级学生，还是应该事先把活动要求反复说清楚，并在平时的课上加强这样的常规训练才行。

（2）学生们利用自己喜欢的方法把自己喜欢的图形留在纸上，除了教师演示的"印"和"描"的方法外，还有学生用到"折"的方法，即把纸包住正方体积木，沿着棱折出痕迹。学生把这样的作品展示在黑板上时，教师的评价没有跟上，如果这时教师能抓住学生这一闪光点，鼓励大胆创新，提倡勇于求异，对于其他学生无疑是个好的榜样，可惜错过了这样的一个机会，这是遗憾的。的确，教师应该发现学生在课堂 40 分钟里的点滴亮光和点滴进步，用心关注每一个学生是多么重要啊！

跨越"现象"到"结论"的那道鸿沟

九江市双峰小学　蔡孟秋

一、缘起

2019年9月，九江市教科所对我校教学常规进行抽查。作为待抽查的教师之一，我需要准备一节公开课。按教学进度推算，我确定了课题：三年级上册第二单元第一课时《看一看（一）》。

在这之前，学生已经认识了一些基本的平面图形和立体图形，能从不同角度观察、辨认物体。显然，低年级关于观察物体的学习更加侧重于学生的感性体验，而本节课内容除了要继续丰富学生的感性体验，更要把这些经验萃取出来，引导学生进行更为理性的分析。我在一个班进行了试教，结果真让我始料未及……

二、课堂写真（一）

（1）出示一个大箱子：学生在座位上观察，说一说分别看到了哪些面？

图1

187

师：如果想看到更多的面，怎么办？

生：改变观察的位置。

师：不断改变观察的位置，猜一猜每次最多能看到几个面？

生：3个面、5个面、6个面……

师：这些都是你们的猜想，咱们还得仔细"验证"。

师：你们想怎么验？亲眼看一看，好主意。咱们就来"看一看"。（板书课题）

（教师出示操作要求，再巡视）

师：谁来汇报你观察的结果。

生1：我每次最多看到3个面。

生2：我也是3个面。

生3：我一次最多能看到4个面。

生4：老师，我也看到了4个面。

生5：老师，我看到了5个面。

我请这几位同学上讲台观察我的大长方体，并用手机从他们观察的角度拍下照片、投屏。问：最多能看到几个面？学生不约而同地说：3个面。就这样，通过验证，全班都认可"从不同角度观察长方体，每次最多只能看到3个面"。

（2）我的困惑与思考：这是学生真实的观察结果吗？他们是不是在跟我开玩笑？学生对结论真的认可吗？一个个问题萦绕着我，于是我对他们一一进行了访谈：

师：你一次能看到哪4个面？

生1：上面、前面、左面和右面。（其间长方体学具固定不动）

师：你一次能看到哪4个面？

生2：上面、前面、左面和右面。（拿着学具不停转动）

师：你一次能看到哪5个面？

生3：上面、前面、左面、右面和下面。（也拿着学具不停转动）

师：你一次能看到哪6个面？

生4拿着学具不停转动，指着所有的面。

对比学生的想法可以看出，生2、生3、生4得出的结论虽然不同，却都是由同一个问题引起的：操作过程不规范。究其原因，是在学生观察之前，教师的指导、示范不到位，从而让学生误以为"每次观察"是可以转动学具的。

可生 1 明明没有转动长方体，为什么会看到 4 个面呢？学生拿着学具告诉我，他看到了左面和右面。"左右两面是相对的，怎么可能同时看到呢？"我边质疑边和他一起观察。在一瞬间，我惊奇地发现在某一个角度真的可以同时看到 4 个面！

眼见为实，这样的结果颠覆了我的一贯思维，本课的探究也因为这个问题暂时落在了"瓶颈"上。

经过和备课组的老师讨论，加上查阅相关资料，笔者有了一些新的启示和发现：为什么能同时看到相对的面？

这还得从生物学的角度来分析：眼睛是一个可以感知光线的器官，光通过瞳孔投射视网膜成像，在那里，光线被接受并转化成信号并通过视神经传递到脑部。

也就是说，我们所看到的物体并不是物体本身，而是物体反射的光。

巧妙的是，人类有两只眼睛，当我们注视一个物体时，物体反射的光会从两只眼睛的瞳孔投射到视网膜，并在中枢系统重叠。不过，两只眼睛虽然注视的是同一个物体，但接收到的光却不都是一样的，这也确保了我们的观察范围更大、更加立体（3D 电影拍摄灵感就基于此）。

学生能看到两个相对的面，是因为学生的学具比较小，从而使两只具有一定间距的瞳孔在接受光信息时，有可能左眼接收到长方体左面反射的光、右眼接收到长方体右面反射的光，从而让观察的结果是上、前、左、右 4 个面。

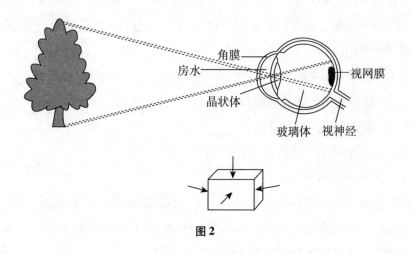

图 2

基于以上分析和认识，对于如何调整学习方案，则有了明确的方向。

三、课堂写真（二）

（一）谈话导入，初步探究

（1）师：同学们瞧，这是什么？

图3

生：箱子。

师：什么形状？一起说！

生：长方体！

师：数一数你们的长方体，有几个面？

生：6个面。（请学生上台数）

师：哪些面是相对的，谁知道？（上下、前后、左右）给你点个赞！长方体有3组相对的面（相对），分别是前后、上下、左右。我很好奇，你能看到箱子的哪些面呢？

生1：我看到了前面。

生2：我看到了右面和前面。

生3：我看到了左面和前面。

师：同一个箱子，怎么看到的面会不一样？

生：因为观察的角度不一样。

师：这与观察的"位置"有关。位置不同，观察到的形状可能不同。还想尝试更多的位置观察吗？谁来？我们三个分别站在什么位置观察的？

①师生三人还原教材中三个人物的位置观察。

190

生1：老师在投票箱的正上方观察，一人在投票箱的左侧偏上放观察，另一人在右前方观察。

师：下面三幅图分别是谁看到的？先独立思考，再把想法告诉同桌。

图4

师：奇怪，都是看这个箱子，怎么我就看到一个面呢？

生：因为你是看上面。

师：如果我想看到更多的面，怎么办？

生：往左边走，往前面走。

师：说法不同，其实就是一个意思：改变观察的位置。猜一猜，如果我不断改变观察的位置，每次最多能看到几个面？

②学生猜。

师：这些都是你们的猜想。咱们的研究，如果只停留在"猜想"阶段，行吗？还得做些什么？

生：验证！

师：对，有大胆的"猜想"只是探究的第一步，咱们还得"仔细验证"。

评析："猜"可以激发学生参与学习的热情，唤醒学生的观察经验，并培养学生的想象能力。通过不断调整位置，停留、观察，潜移默化地对学生进行观察指导，为后续学生按照要求规范观察方法做了良好的铺垫。

（2）师：你们说，怎么验？亲眼看一看，好主意。咱们就来"看一看"（板书课题）。

活动要求，如下：

① 同桌合作，在不同位置观察；

② 在作业纸上圈一圈，记录每一次观察结果；

③ 对比每次观察结果想一想：一次最多看到几个面。

作业纸

圈一圈，想一想：每次最多能观察到几个面？

前　后 上　下 左　右	前　后 上　下 左　右	前　后 上　下 左　右
第一次	第二次	第三次
前　后 上　下 左　右	前　后 上　下 左　右	前　后 上　下 左　右
第四次	第五次	第六次
前　后 上　下 左　右	前　后 上　下 左　右	前　后 上　下 左　右
第七次	第八次	第九次

我的发现：

每次最多看到长方体的 _____ 个面。

图 5

（教师巡视指导）

师：谁来汇报你观察的结果。

生 1：我最多观察到 3 个面。

生 2：我也是最多观察到 3 个面。

生 3：我最多能看到 4 个面。

师：看来大家的意见不统一。

请学生汇报每次观察的结果。

师：一次最多能看到几个面？

生：3 个面。

教师用手机拍摄并投屏验证。

……

师：通过观察，你能解释为什么每次最多只能看到 3 个面吗？

生：长方体共 6 个面，看到了 3 个面，就一定看不到与它们相对的另外 3 个面。所以站在不同位置，每次最多能看到 3 个面。

评析： 学具的更换，避免了"每次最多能看到 4 个面"这样特例的产生，让学生的学习更为聚焦；学习单的增加，是学生感性经验上升到理性分析的桥梁，也为学生的验证提供了丰富的样本。

（3）师：一定是 3 个面吗？拿出小长方体（第一次试教时用的长方体学具），用同样的方法再观察一次，你有什么发现？

生：我可以同时看到 4 个面！

师：咦，刚刚观察大纸箱时，明明一次最多看到 3 个面呀！为什么换成小长方体，结果就不一样了呢？我们来看一段视频，也许你会找到答案。

（播放视频，解释"为什么能同时看到两个相对的面"）。

师：现在你知道原因了吗？

生：因为我们有两只眼睛。

师：对，两只眼睛相当于两个"观测点"，如果物体较大或者位置较远，两个观测点的差距可以忽略，看成一个"观测点"。观察物体，就要保证是一个"观测点"。但如果观察较小物体，两个观测点的差距就不能忽略了。怎样解决这个问题呢？

生：很简单，闭上一只眼睛不就行了。

师：哈哈，好办法。用一只眼睛观察，你们再试试。

生：老师，这次又只能看到 3 个面了。

师：对，咱们观察物体要确保是一个观测点。

评析： 遇到较小物体时，确实会同时看到 4 个面，这是真真切切存在的问题，我们不能回避。学生聚焦大长方体的观察后，适当调整"观察对象"，给学生更多思辨的空间，并顺势明确观察物体的前提：在一个观测点观察。这就打通了当前学习和后续学习的联系。

四、练习拓展，升华理解

（1）师：现在，把这个投票箱立起来，改装成这样的灯笼来观察。瞧，动物们都来围观这个漂亮的灯笼了。它们分别在什么位置观察灯笼的？和你的同桌说一说。

图 6

（2）师：咱们来围观一个神秘人怎么样？是谁呢？猜猜这几张照片分别在他的什么位置拍摄的？

图 7

（3）下面四幅图分别是谁看到的？

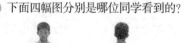
下面四幅图分别是哪位同学看到的？

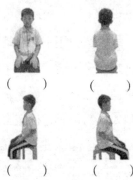

图 8

五、小结回顾

师：这节课你有什么收获？你知道吗？在大约1000年前，有一个人你们有着同样的观察和体验。他是谁呢？北宋著名文学家、书法家、画家苏轼。有一次，苏轼来到庐山，在欣赏庐山秀丽风光的同时，苏轼写下了这首千古绝唱《题西林壁》。

师：这首诗描述的就是从不同位置观察庐山。有横看、侧看……从不同角度看庐山，你有什么体会？

图9

学生交流感想。

师：从任何一个角度观察庐山，能看到庐山的全貌吗？因此，他又写到"不识庐山真面目，只缘身在此山中"。其实啊，咱们不光观察物体可以从不同位置不同角度，思考问题也可以从不同角度，这样我们对事物的认识就会更丰富更精彩。

六、启示

　　从观察、验证到得出结论，寥寥几个字的落实，让我再一次意识到研究学生、课堂最终要回归学生的重要性。学生的起点在哪？学生是否明确当前的学习目标？学生真实的想法是什么？……只有持续关注学生、从学生出发，我们才有可能找到心中的答案。

三角形的内角和

九江双语实验学校　胡小丽

【适用年级】

小学四年级。

【课程介绍】

　　三角形的内角和是180°是三角形的一个重要性质，它有助于学生理解三角形的三个内角之间的关系，也是进一步学习的基础。在学习本节课之前，学生已经掌握了三角形的概念、分类，熟悉了钝角、锐角、平角这些角的知识。对于三角形的内角和是多少度，学生是不陌生的，因为他们有认识角、用量角器量三角板上三个角的度数以及三角形的分类的基础。学生有提前预习的习惯，很多学生能回答出三角形的内角和是180°，但他们却不知道怎样才能得出这一结论。另外，经过三年的学习，学生已经具备了初步动手操作的能力、主动探究的能力和小组合作的能力。

　　本课的设计理念是"问题导引，自主学习"，根据学情确定了本课的自主学习思路是"提出猜想—验证猜想—得出结论—运用结论"。为了让学生能够在课堂上提出"三角形的内角和是180°"的猜想，我们对学生进行了前测，使学生在课前的实践活动中有所发现。在探讨如何验证猜想时，给出一个平角作为学生思维的支撑，启发学生想出多种验证方法，留给学生充分操作和交流的时间是本课的又一关键。在运用结论解决问题时，我充分尊重学生，采取学生自评、生生互评的评价方式，让学生成为课堂的主人。

【教学目标】

（1）知识目标：学生通过量、剪、拼、摆等操作学具活动，找到新旧知识之间的联系，主动掌握三角形内角和是180°，并运用所学知识解决简单的实际问题。

（2）能力目标：培养学生的观察、归纳、概括能力和初步的空间想象力。

（3）情感目标：培养学生的大胆质疑、积极探索精神和实践能力，在学生亲自动手和归纳中，感受到理性的美。

【教学重点】

理解并掌握三角形的内角和是180°。

【教学难点】

验证所有三角形的内角之和都是180°。

【教学准备】

多媒体课件、各种三角形、长方形等。

【教学过程】

（一）提出猜想

1. 出示课题，学生质疑

师：看到这个课题，你有什么问题要问吗？

生：什么是内角？什么是内角和？三角形的内角和是多少度……

师：让我们带着这些问题进入今天的学习吧！

2. 魔术引入，提出猜想

（1）借助钝角三角形学生自主认识内角、内角和。

（2）课件演示魔术。将钝角三角形拉成直角三角形，再拉成锐角三角形观察内角的变化。

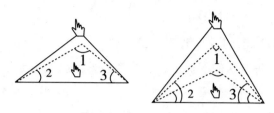

图1

（3）在变化中寻找不变的因素，激发学生提出猜想。

师：为了便于同学们观察，老师把这三个三角形请到黑板上来。（依次贴锐角三角形、直角三角形、钝角三角形）

教师启发：从左往右看，在三角形中，一个角不断变小，另外两个角不断变大，在变化的过程中，有什么是不变的呢？

生：三角形的内角和不变。

师：你们提出了一个大胆的猜想，科学家牛顿说："伟大的发现是从大胆的猜想开始的。"

（二）验证猜想

分组实践，验证猜想

（1）测量

师：同学们想不想验证自己的猜想？用什么方法验证呢？

生：测量三角形三个内角的度数，然后加起来。

小组活动：拿出各种三角形用测量的方法探究内角和，填写测量活动记录单：

表1

三角形名称	∠1 度数	∠2 度数	∠3 度数	内角和
锐角三角形	65°	38°	82°	185°
直角三角形	56°	90°	25°	171°
锐角三角形	70°	30°	80°	180°
钝角三角形	31	115°	37°	183°

师：通过测量活动，你有什么发现？

生：三角形的内角和是在180°左右。

师：那你现在的猜想是什么呢？

生：三角形的内角和是180°。

（2）探索验证方法的多样化

在基于测量这种方法的层面上，通过观察平角启发引导学生想出更多的验证方法。

师：180°是个什么样的角？（平角）一起来回忆一下平角。

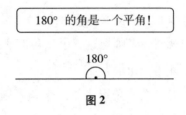

图2

师：你又想到了新的验证方法吗？

生：可以把三个角拼在一起与平角比较大小。

师：你能想到把三个角拼在一起看能不能形成一个平角，说明你对平角的认识很深刻！

小组合作，利用学具材料动手用多种方法验证猜想。（材料袋里放锐角三角形、直角三角形、钝角三角形，还特意放一个长方形，看看学生能不能想出分割的方法。）

（三）得出结论

1. 汇报验证结果，得出结论

图3

师：把三个角折到一起去，看能不能形成一个平角，我们把这个好办法叫作折拼法吧。

图 4

师：把三个角撕下来拼到一起去，看能不能形成一个平角，我们把这个好办法叫作撕拼法吧。

图 5

师：有些同学用长方形验证的，我们来听一听他们的想法。

生：长方形有四个直角，它的内角和就是 360°，把它分割成两个一样的三角形，那每一个三角形的内角和就是 180°。

师：同学们非常了不起！伟大的数学家帕斯特在 12 岁时就是通过这种分割法发现了三角形的内角和。（播放帕斯卡的验证方法）

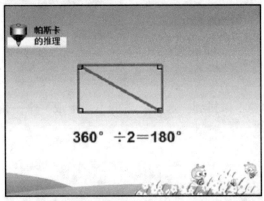

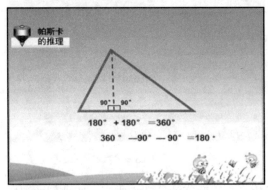

图 6

师：关于三角形的内角和，现在你是怎么想的？

生：现在很肯定三角形的内角和就是 180°。

2. 小结

我们通过折拼法、撕拼法，以及帕斯卡的分割法验证了锐角三角形、直角三角形、钝角三角形的内角和，得出了结论，这个结论就是三角形的内角和是180°，（把板书上的"？"改为"。"）这不再只是猜想了，是结论。

图7

（四）运用结论

1. 运用结论，解决问题

（1）层次训练

作业纸：求下面各图中∠1 的度数。

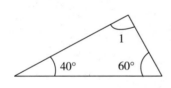
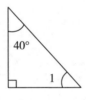

等腰三角形

图8

（2）分析判断

① 把一个大三角形分成两个小三角形，每个小三角形的内角和都是90°。
（   ）

② 钝角三角形的两个锐角之和一定小于90°。（   ）

（3）小结

刚才同学们能够运用今天得到的结论解决数学问题，非常好。在今后的学习中，会经常用到三角形内角和的知识，只有熟练掌握才能灵活运用。

2. 生生互评，总结收获

师：通过今天的学习，你有什么收获？

3. 联系生活，思维拓展

小明踢球时不小心把一块三角形玻璃打破了，摔成了三块，小明想带着其中一块到玻璃店，配回和以前一样大小的玻璃，他应该选择哪一块？

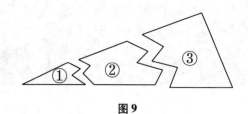

图 9

师：数学来源于生活，又服务于生活，学好数学，能解决生活中的许多问题。

第四篇

"综合运用"案例

"综合与实践"数学活动课
《绘制校园平面图》

九江市双峰小学　涂俊珂　吴　琼

【适用年级】

小学六年级。

【课程介绍】

当"新年"遇到"新型冠状病毒"，2020年的春节注定是特殊的。为了阻断疫情，确保广大师生的身体健康和生命安全，江西省教育厅研究制定了《江西省中小学2020年寒假及春季学期延期开学期间线上教育教学实施方案》，要求保障学生在延期开学期间"停课不停学"。

这是一节疫情防控特殊时期的线上"综合与实践"课。课程从武汉火神山医院建设的画面引入，让学生感受"中国速度"，体会到平面图的重要性，并把此作为情感主线，贯穿于全课。特殊时期，学生不宜到户外去，所以以绘制"家庭平面图"作为活动明线，指导学生综合运用"图形与位置""比例尺""测量"等知识，经历设计方案、动手实践、交流反思等活动过程，积累"从头到尾"思考问题的经验，再把经验迁移运用到复课后的"绘制校园平面图"当中去。

情感主线

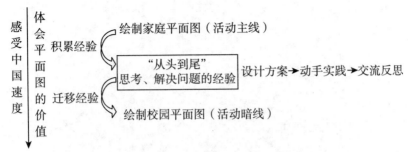

图 1

本节线上课注重与学生的互动交流，教师公布了自己的邮箱，课后收到了来自各地的学生作品，取得了较好的效果。（下一页附部分学生作品）

【课程链接】

https：//study. jxeduyun. com/date/20200323/grade/6/course/6166.

【学生作品】

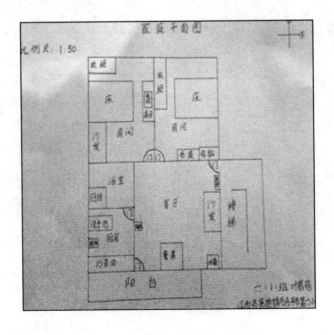

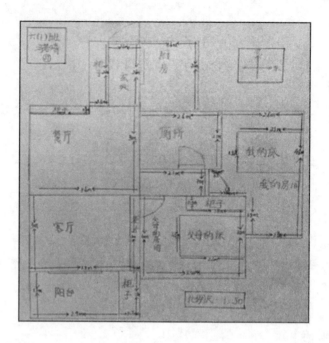

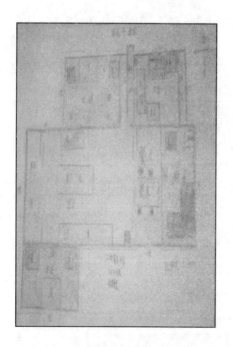
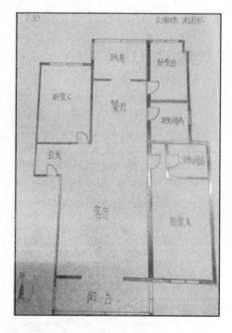

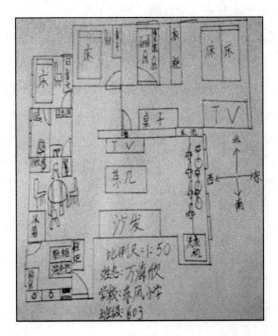

图2

【学习目标】

（1）在疫情防控的特殊阶段，通过"绘制家庭平面图"的实际操作活动，进一步理解并综合运用图形位置、测量、比例、数据收集等知识，积累"从头到尾"思考问题的经验，并能将经验迁移运用到复课后的"绘制校园平面图"活动中。

（2）经历设计方案、动手操作、交流反思的活动过程，发展统筹规划和按方案实践操作等综合实践能力，体验协作的重要性，获得成功的快乐。

（3）在设计、测量、整理等实践活动中感受中国速度，体会到平面图的价值，进一步提高学习兴趣，发展自我反思能力。

【教学过程】

（一）初识平面图，明确活动任务

（1）师：同学们，请让我们跟随镜头共同回顾一段与时间赛跑的历程。

（播放"火神山医院建设延时航拍"视频）

这是武汉火神山医院建设的画面，相信你们一定还记忆犹新！从设计图纸到竣工交付使用，只用了短短 10 天的时间，这就是中国速度！我们把视频中的一个画面定格于 1 月 26 日完成建筑总平面图等设计。这里所说的平面图是建筑设计中必不可少的一个环节，它能反映建筑的总体布局，是施工时的重要依据。

（2）师：当然，这样专业的平面图出自设计师之手，其实我们也可以亲手绘制一些简单的平面图（板书课题：绘制平面图），这样可以帮助我们更好地了解身边的环境，比如：我们美丽的校园、温馨舒适的家。

（3）思考：形态各异的建筑、物体是怎样变成平面图上的样子呢？一起来看一段电脑模拟视频也许能给你们一些启发。

（播放视频：居家、校园 3D 动态效果图变换成俯视平面图）

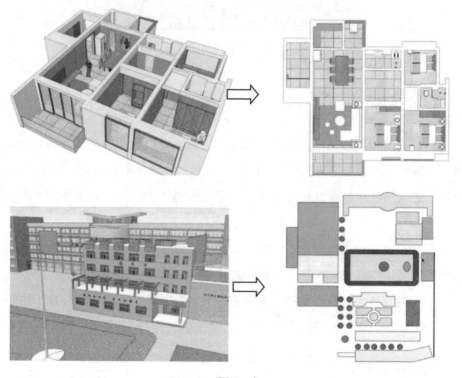

图 3

发现：原来平面图就是要画出从空中俯视看到的样子，原本复杂的建筑、物体，从空中俯视就变成了简单的几何图形，在平面图中只需画出这些几何图形就可以了。

（4）这是两幅手绘平面图，仔细观察，想一想这些平面图有什么共同的地方？和你的家人说一说吧。

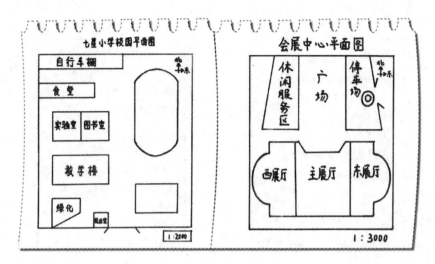

图4

我们来听听淘气和笑笑有什么发现。

淘气：发现平面图上都有方向标，看方向标可以辨认建筑的方位，这样方向就错不了了。

笑笑：平面图上还有比例尺呢，根据比例尺画出的图才不会变形，而且还能帮我们计算实际距离。

淘气：笑笑，你看，平面图并不需要把所有的东西都画进去，室外画出主要建筑、主要活动场所，室内画出每个房间形状、主要家具就可以了。

笑笑：嗯，没错，还要做上标记，标明它们的名称，这样别人就能知道每个图形表示什么了。

师：你们的发现和他们一样吗？原来平面图上要有方向标、比例尺，画出主要物体并做上标记。

（5）师：在疫情防控的特殊时期，我们不能到户外去，那今天就让我们一起先来绘制家庭平面图吧。（补充课题：家庭）

（二）设计方案，明晰活动步骤

（1）古人云：凡事预则立，不预则废。这句话告诉我们：做事前一定要有准备、有规划，否则很难成功。想一想，你准备怎样绘制家庭平面图呢？同学们，快拿出纸和笔，先设计一份活动方案吧。

（2）师：六年级的小胡同学是这样设计方案的，一起来看看他想怎样做。

（播放小胡同学书写"活动方案"有声视频）

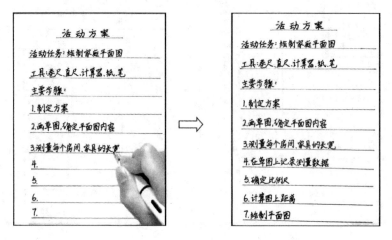

图5

（3）师：小胡同学设计的活动方案能不能给你们一些启发呢？别着急，待会儿你们还可以进一步完善自己的方案。

（三）动手实践，绘制家庭平面图

（1）师：接下来让我们跟随镜头，看看小胡同学是怎样根据方案动手实践的。

（播放视频：小胡同学画草图、测量、记录数据的全过程）

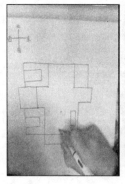

图6

（2）师：瞧，在制订方案之后，小胡同学又完成了"画草图、测量并记录数据"这几个步骤，接下来就要确定比例尺了。先来看看他的草图，小胡家的底面可以看成一个近似的长方形，根据实际测量数据，我们发现，南北向最长距离大约是 10 米，东西向最长距离大约是 9 米。如果要在一张 A4 纸上画出正式的草图，你能根据测量数据和 A4 纸的大小，确定一个合适的比例尺吗？快拿出纸和笔，算一算吧！

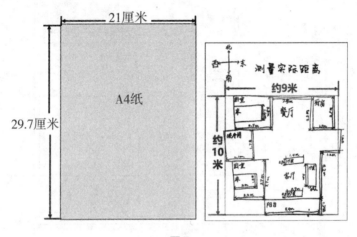

图 7

（3）师：同学们，你们确定的比例尺是什么呢？现在老师在电脑中打开"几何画板"，它会显示在不同的比例尺时，平面图画在 A4 纸上的大小。

（在"几何画板"中动态演示在不同比例尺时平面图画在 A4 纸上的大小）

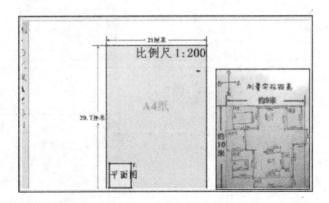

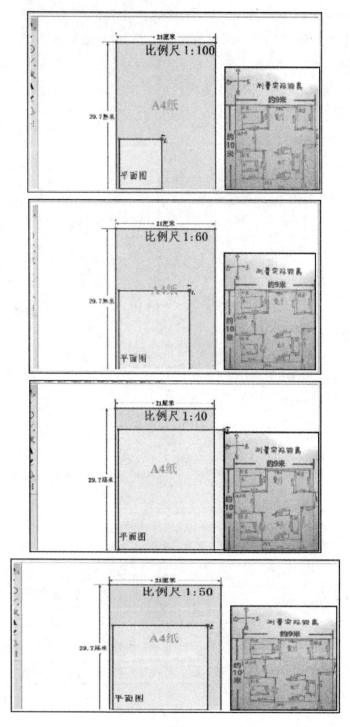

图 8

发现：比例尺的后项越小，平面图越大。当比例尺是 1：50 到 1：60 时是比较合适的。

（4）师：同学们对照检查一下，你刚才确定的比例尺合适吗？我们再来看看小胡同学是怎样想的。

（播放视频：小胡同学用计算的方法推算比例尺）

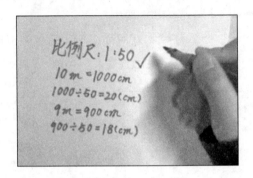

图 9

（5）师：原来小胡同学确定的比例尺是 1：50。确定了比例尺，接下来就可以根据比例尺计算图上距离了。你们还记得计算图上距离的方法吗？以小胡同学家客厅的长为例，我们来算算按 1：50 的比例尺在平面图上客厅的长画几厘米。

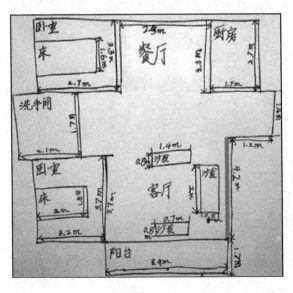

4.2m=420cm

$420 \div 50 = 8.4$

或

50cm=0.5m

$4.2 \div 0.5 = 8.4$

图 10

（6）师：瞧，就用这样的方法，我们可以根据比例尺计算出每一个实际距离所对应的图上距离。为了便于区分，可以把计算出来的图上距离用红笔标记在草图上。

（7）师：当所有的图上距离都计算出来时，我们就可以正式开始画平面图了。

（播放视频：小胡同学绘制家庭平面图）

教师提醒：写出平面图名称，画方向标，写比例尺，对照草图看准每一个图上距离，画正式的平面图时一定要用直尺。

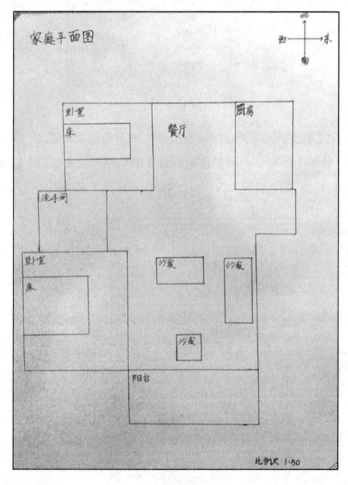

图 11

（8）师：小胡同学的家庭平面图画好了，给他点个赞！回顾刚才画图的全过程，先制订方案，做到胸有成竹，然后收集数据，为方便数据的收集可以先画个草图，接着进行实际距离的测量、记录测量数据、确定比例尺、计算图上距离，然后绘制平面图。

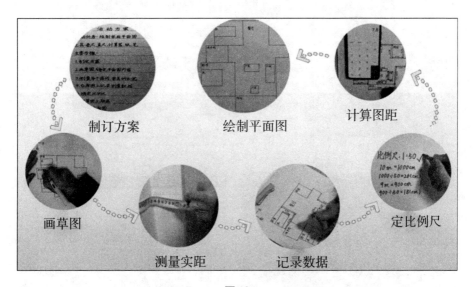

图 12

（9）师：你们学会了吗？线上授课的时间有限，待会儿下课后同学们就可以行动起来，今天的任务就是绘制一幅家庭平面图。

温馨提示：一个人测量有困难可以寻求家人的帮助；使用卷尺注意安全。

（四）拓展延伸，展望校园平面图

1. 同学们，等到疫情结束，我们重返校园，大家其实还可以运用今天所学的方法绘制校园平面图。（课题："家庭"变成"校园"）

2. 画校园平面图时同样要经历这些过程，想象一下，绘制校园平面图还可能会遇到什么新问题？可以怎样解决这些问题呢？

一起来看看淘气、笑笑和智慧老人的聊天记录：

（课件动态呈现微信聊天界面，配音）

图13

3. 师：同学们，你们的感受一定也和他们一样吧！我们在可爱的校园里已经生活六年，毕业前夕，运用所学的数学知识，给母校留一张大家亲手绘制的校园平面图，是多么有意义的一件事情呀！你们还可以给平面图染上漂亮的颜色，制成明信片，这将是留给母校一份珍贵的礼物。

寒冬过去，春天已如期来临。期待着疫情结束的那一天，我们回到美丽的校园，共同完成这幅画卷！

精准设计巧整理　培植能力通联系

——三年级上册期末《整理与复习》教案设计与思考

九江市双峰小学　汪浩浩

【教学目标】

（1）系统梳理三年级上册教材八个单元的主要知识点，内化学生的知识网络。

（2）培养学生整理知识的能力，发散学生的思维，达成知识与能力同步发展。

【教学重点】

知识点串联途径、方式的掌握与运用。

【教学难点】

学以致用并深度展开与众不同的思考。

【教学过程】

（一）热身小游戏（请按规则在方框内填上合适的汉字）

五□四□（请把四字成语填写完整）→答案：五湖四海

五□四□（请把乘法口诀填写完整）→答案：五八四十

小结：因为思考的角度不同，思考的结果也不尽相同。就像观察同一物体，由于观察位置不同，看到的图形也有所不同。请看课件（图1）：让学生判断选择，并得出结论：观察位置相对，看到图形相反。

图 1

设计目的：借用游戏发散思维，培养不同的思考方式，顺承小结，简要复习第二单元《观察物体》。

（二）算式大变身

在黑板正中心写出算式"30×4"，请学生编写用算式"30×4"来解决的对应情境小故事。（学生先独立思考，后小组交流，教师巡视并在全班范围内选取代表作品进行汇总归整。）

1. 复习口算、笔算乘法

例1：每盘有4个苹果，30个盘子里一共有多少个苹果？→（30个4）

追问：如何计算→（先按表内乘法计算，乘完再添一个零。）

例2：改编数据之一：每盘有4个苹果，300个盘子里一共有多少个苹果？→（300个4）

追问：如何计算→（先按表内乘法计算，乘完再添两个零。）

迁移后续学习：3000×4→（先按表内乘法计算，乘完再添三个零……）

例3：改编数据之二：每盘有4个苹果，23个盘子里一共有多少个苹果？→（23个4）

追问：如何计算→（用4依次乘完"23"中的每一位上的数字）

迁移：每盘有 4 个苹果，523 个盘子里一共有多少个水果？→（523 个 4）

追问：如何计算→（依次乘完每一位上的数字）

设计目的：由学生熟悉的"几个几"罗列对应的生活现象，并对数据进行改编，有层次、有顺序地复习一位数乘整十数、一位数乘整百数的口算及一位数乘两（三）位数的笔算。

2. 复习年、月、日

提醒：请发挥想象给指定的数据对应的特殊含义，编出与众不同的情境。

适时进行点拨："四、六、九、冬三十整"→一年有四个小月：四个小月一共有多少天？$30 \times 4 = 120$（天）

发现：小月在一年当中不会出现相连的两个月份。

顺延：将诗句补充完整，对应出现相关知识点。

"一、三、五、七、八、十、腊"→一年有七个大月：七个大月一共有多少天？$31 \times 7 = 217$（天）

发现：大月在一年当中有七月与八月唯一的一次相连。→$31 \times 2 = 62$（天）

"平年二月二十八"→平年天数 $120 + 217 + 28 = 365$（天）

"闰年二月把一加"→闰年天数 $120 + 217 + 29 = 366$（天）

追问：每年的下半年一共有多少天？

$31 \times 4 + 30 \times 2 = 124 + 60 = 184$（天）

追问：每年的上半年一共有多少天？

平年：$365 - 184 = 181$（天）　　　闰年：$366 - 184 = 182$（天）

小结：每年上半年天数有可能相差 1 天，每年的下半年天数都相等。

设计目的：赋予指定数据"30"一个小月的天数，依次诵读歌诀引发小月、大月、特殊二月、平（闰）年、上半年、下半年等相关知识，并在借助对问题解决过程中涉及的计算来复习三位数连加、乘加运算。

3. 复习周长

继续提醒：请发挥想象给指定的数据对应的特殊含义，编出与众不同的情境。

适时进行点拨：出示一个正方形，边长是 30 厘米。→边长为 30 厘米的正方形周长是多少厘米？

（1）什么是周长？→（封闭图形一周的长度是图形的周长）

（2）正方形的周长怎么计算？→（正方形的周长＝边长×4）

（3）改变正方形水平方向两条边的长度为 50 厘米，变成长方形，再计算周长。

$50 \times 2 + 30 \times 2$、$(50 + 30) \times 2$→（对比中强调小括号能改变运算顺序）

追问：哪种情境下用算式 $50 + 30 \times 2$ 来计算"长 50、宽 30 的长方形"实际问题是正确的？→（复习长方形苗圃靠墙的实际应用：一长边靠墙）

及时联想：何时算式 $30 + 50 \times 2$ 来计算"长 50、宽 30 的长方形"实际问题是正确的？→（复习长方形苗圃靠墙的实际应用：一短边靠墙）

设计目的：赋予指定数据"30"为正方形的边长，再改变一组对边长度成长方形，由学生的"两种"计算长方形周长方法引出图形的实际应用，在一气呵成中发展学生的空间观念。

4. 复习连乘、除减运算和小数

过渡问题（1）：课件依次出示四个边长为 30 厘米的正方形让学生求周长总和。

$30 \times 4 \times 4$，让学生解释每个数据的意义和每一步运算的意义。

生：先算一个正方形的周长，再算四个正方形的周长和。

$4 \times 4 \times 30$，让学生解释每个数据的意义和每一步运算的意义。

生：先算一共有 16 条边长，再算边长的总和。

过渡问题（2）：课件出示将正方形变成微信红包。

先出示框架图：□□.□□，让学生填写两个不同的红包数据，如大的红包→99.99 元、小的红包→10.01 元。

一个大红包和一个小红包一共有多少钱？→$99.99 + 10.01 = 110$（元）

一个大红包比一个小红包多多少钱？→$99.99 - 10.01 = 89.98$（元）

过渡问题（3）：课件出示一组微信红包：

每个小红包有多少元？

$(145 - 55) \div 3 = 30$（元）

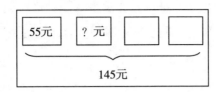

图 2

设计目的： 由上一环节正方形引入连乘运算，再将四个正方形摇身一变成为"元、角、分"认识小数的模型框架，以时尚微信红包提升兴趣开启小数相加、相减情境，同时引入除减混合运算。

（三）复习 24 时计时法

1. 复习结束时间、经过时间、开始时间的相互关系

师：快要下课了，铃声将在上午 10 时 50 分打响，每节课是 40 分钟，同学们知道这节课是从几时几分开始上课的吗？

生：10 时 50 分 – 40 分 = 10 时 10 分

2. 回顾 24 时记计时法与普通计时法的联系

（1）课件出示一个圆，让学生说周长，如何测量。（渗透化曲为直思想）

（2）课件再出示一个同心圆或圆环，将 1 至 24 这些数字按每个圈内 12 个数均匀分布，让学生主动回想 24 时计时法。

师：上午 10 时 50 分和晚上 10 时 50 分对应的时刻是一样吗？它们分别与 24 时计时法中哪一个时刻相对应？（复习两种计时法互换）

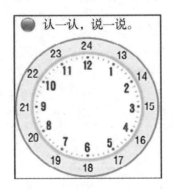

图 3

设计目的：随着课堂接近尾声，让学生认识钟面时刻，联想 24 时计时法，并回忆梳理开始时间、经过时间、结束时间三者之间的关系。

（四）课尾拓展

将课初游戏中汉字"五、四"字去掉，只留下四个方框，让学生想象拼合后的图形周长是多少？（有长方形、正方形两种）

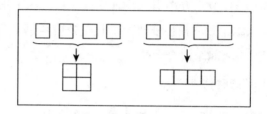

图 4

设计目的：形式上整体做到首尾呼应，内容上并进行适度拓展，让学生厘清周长与图形边线的对应关系。

评析：三年级上册课本有八个教学单元。

本复习课时案例目的是将三年级上册教材进行内容整体梳理，内化学生的知识结构。同时，个性化地以联系的观点，借助较小的事件如算式、情境，发散学生的思维，在培养数学理解的过程中自然而然地渗透整本书的所学内容，力求让呈现的形式与复习的内容完美融为一体。通过本案例的设计，不仅使学生能触摸到复习课的新鲜感，更主要的是给学生提供一个整理复习的范例，促成孩子学会模仿、学会迁移、学会创新，进而提升学生整理知识的能力，让知识更为系统化。